Reprint Publishing

FÜR MENSCHEN, DIE AUF ORIGINALE STEHEN.

www.reprintpublishing.com

PRAXIS,
THEORIE UND CODIFICATION

DES

VÖLKERRECHTS.

VON

AUGUST BULMERINCQ.

LEIPZIG,
VERLAG VON DUNCKER & HUMBLOT.
1874.

Inhalt.

___

Erster Abschnitt.

Die Praxis des Völkerrechts.

Zweiter Abschnitt.

Die Theorie des Völkerrechts.

Dritter Abschnitt.

Die Codification des Völkerrechts.

Erster Abschnitt.

Die Praxis des Völkerrechts.

I. Die Factoren der internationalen Praxis.

1. Das sogenannte politische Staatensystem und die Staaten als Subjecte des Völkerrechts.

Dass in der Praxis der Staaten in ihren rechtlichen Verhältnissen zu einander deren Rechtscharakter vielfach verkannt worden und dass in unzweifelhaft dem Recht zu unterwerfenden Verhältnissen politische Principien in Anwendung gebracht wurden, ja dass die Staaten überhaupt mehr äussere Politik trieben als das Völkerrecht übten, ist eine nicht anzuzweifelnde Thatsache. Der Fortschritt der internationalen oder Menschheits-Cultur ist aber wesentlich dadurch bedingt, dass das Recht für jene Verhältnisse eine unabweisbare Macht werde und seine Herrschaft über sie behaupte. So wie unser Jahrhundert den einzelnen Staat zum Rechtsstaat zu organisiren bestrebt ist, so gilt es auch in den Beziehungen der Staaten zu einander die Oberherrschaft des Rechts als unumgänglich zur Begründung der internationalen Rechtssicherheit und der durch sie allein fest zu begründenden Staatenwohlfahrt zur Anerkennung zu bringen und durchzusetzen. Es gilt, die äussere Politik auf die ihr zuständigen Aufgaben zu beschränken, die Uebung des Völkerrechts nicht weiter von politischen Rücksichtsnahmen abhängig zu erhalten und einem politischen Staatensystem[1]) für immer zu entsagen, einem

---

[1]) Ein häufig gebrauchter und selten erklärter Ausdruck. Nach Garden, histoire génér. .I. §. 1. hat sich dasselbe durch Kriege, Verhandlungen, Verträge gebildet, modificirt, aufgelöst, wiederhergestellt, wird es gebunden durch religiöse und sittliche Beziehungen, Sachlage und gemeinschaftliche Interessen der Staaten und ist sein Zweck, zwischen diesen Staaten ein Gleichgewicht zu erhalten und allen die Unabhängigkeit und den Frieden zu sichern.

sog. System, das nimmer für die Dauer vermag, die Rechtsordnung der Staaten, nicht einmal deren Rechtsfrieden sicher-
zustellen, sondern nur immer wechselnden und häufig col-
lidirenden Sonderinteressen der einzelnen Staaten sich dienstbar zu erweisen [2]. Ein System, das unter den verschiedenartigsten Vorwänden angesprochen worden ist, bald für, bald
wider einen Staat und das keine principiell gleichen, aber
wol sehr verschiedene Leistungen aufzuweisen hat. Ein
System, baar eines festen Systems und eines festen Princips.
Fester und in sich geschlossener als jenes angebliche System
kann sich nur das wirkliche System der internationalen
Rechtsgemeinschaft der Staaten erweisen und dessen
Aufbau, Ausbau und Vollendung ist die Aufgabe unserer und
der kommenden Zeiten. Dieses System verbürgt allein die
Existenz und den Bestand der Staaten, welche nicht gefristet
werden, weder durch politische Mittel, weder durch das
undurchführbare Schaukelsystem des politischen Gleichgewichts, noch durch das dem Staatsrecht entlehnte Legitimitätsprincip, noch durch die Umbildung politisch geeinter Staaten
in Nationalitätsstaaten, noch durch religiöse Bande, insbesondere das Bekenntniss einer gemeinsamen, der christlichen Religion, indem dieses doch wieder durch den confes-
sionellen Unterschied machtlos wird, eine Gemeinschaft zu
begründen, erhalten und fortzubilden und, selbst wenn es con-
fessionslos wäre, einer rechtlichen Gemeinschaft nicht
Grundgesetz werden könnte, wenn aber selbst Das möglich wäre,
doch wiederum alle Nichtbekenner und somit die bei Weitem
grössere Hälfte der Menschheit ausschliessen würde, sondern
lediglich durch ein der ganzen Menschheit consti-
tuirtes gemeinsames Recht, welches, ein Weltrecht zu
werden, die Berufung in sich trägt und daher auch dorthin
wirksam werden muss, wo es zur Zeit weder gekannt noch

---

[2] Zu bedauern ist, dass v. Kaltenborn, der in seiner „Kritik des
Völkerrechts" (1847) sonst Politisches und Rechtliches so wohl scheidet, S. 266
befindet, dass die internationale Ordnung des Rechtslebens als ein politisches System, eine Conföderation, Staatensystem richtig (?) charakterisirt werde.

anerkannt ist. Ein Recht, das auch seine Missionaire haben müsste, da es eine Weltmission hat und das seine berufensten Missionaire in den Staaten selbst, seinen Subjecten hat und haben müsste. Denn das Völkerrecht ist weder ein blos europäisches, noch ein europäisch-amerikanisches, noch ein christlich [3])-europäisch-amerikanisches, wenn auch christliche Grundsätze auf dasselbe eingewirkt und es zunächst nur eine beschränkte Geltung gehabt hat, sondern es ist für alle Völker aller Welttheile, und jeden religiösen Bekenntnisses berufen, eine gemeinsame Rechtsordnung aufzurichten, zu erhalten und durchzuführen, und weist schon jetzt Verträge europäischer und amerikanischer Staaten mit Staaten anderer Welttheile und dieser unter einander, sowie Verträge der Bekenner verschiedener Religionen auf.

Nur die Grundrechte des Völkerrechts haben die Kraft, allen Staaten ihre Existenz und Unabhängigkeit zu verbürgen und damit die nothwendige Vorbedingung für das moderne Völkerrecht, welches ein Recht gleichberechtigter und unabhängiger Staaten ist, zu erfüllen, während die Politik sie wiederholt in Frage gestellt und religiöse Verschiedenheiten den internationalen Rechtsfrieden gestört haben und noch stören. Nur das Völkerrecht garantirt die stete Entwickelung der Völker und Einzelnen nach ihrer Individualität, denn sein Ziel ist nicht ein Universalstaat, nicht eine civitas maxima, nicht ein Einheitsstaat, sondern die Aufrechthaltung der Varietät in dem genus, der Mannichfaltigkeit in der Einheit des Menschengeschlechts und die Anknüpfung, Erhaltung und

---

[3]) Wenn v. Kaltenborn S. 270 findet, dass man mit Recht das positive Völkerrecht ein christliches nenne und meint, dass nur die christlichen Reiche und Völker vermocht haben, ihr Rechts- und Staatsleben auszubilden bis zu einem Völkerrechtsleben, so macht er die Weiterverbreitung desselben von der Annahme des Christenthums abhängig; es hat indess, wenn auch durch dasselbe beeinflusst, sich selbstständig entwickelt und auch unter Nichtchristen Geltung erlangt. Siehe indess Lascaris Guarini, iuris natur. et gent. principia ad christianae doctrinae regulam exacta. Romae 1778. Leone Levi, the law of nature and nations as affected by divine law. London, 1855. C. M. Kennedy, the influence of christianity upon international law. Cambridge 1856.

Fortbildung der in der Form von Staaten erscheinenden
Völkerindividualitäten [4]). Die Rechtsgebote des Völkerrechts
sind nicht blos die besten, sondern auch die alleinigen Bürgen
der Völkerfreiheit und der Freiheit jedes einzelnen Indivi-
duums, — auch ausserhalb seines Staates und abgesehen von
jeder Staatsgrenze und jeder Staatsangehörigkeit — auf
Grund eines gemeinsamen Rechts und sie üben auch durch die
ihnen zur Seite stehenden Rechtsmittel am wirksamsten das
Gericht gegen die Störer der internationalen Rechtsordnung.
Das Völkerrecht birgt in sich das Weltbürgerrecht und ist
selber das Weltgericht.

Wenn in der Gegenwart, einerseits von den mächtigsten Staaten und selbst denjenigen derselben, welche un-
längst in gewaltiger Fehde mit einander gerungen und deren
Kämpfe überallhin auf den Friedensstand und den gleich-
mässigen Verlauf des Staaten- und Völkerlebens störend
nachgewirkt haben, versichert wird, dass sie Frieden wollen,
wenn ihn namentlich das neue Reich der Mitte, das deutsche,
verhiessen, wenn Frankreich dem Chauvinismus und Re-
vanchegelüsten entsagen und Frieden halten will, und wenn
andererseits eine immer zahlreichere und aus immer mehr
Staaten sich bildende Gesinnungsgenossenschaft, den Welt-
frieden zu erhalten und der Staatenfehde zu wehren bestrebt
ist, so können jene Versicherungen nur dann vertrauens-
würdig erscheinen und können diese Bestrebungen nur dann
ihr Ziel erreichen, wenn der Friede gegründet werden kann
und wird auf ein umfassendes positives Völkerrecht,
und wenn das Friedensverlangen nicht blos die Bedeutung
der Perhorrescirung eines drohenden Krieges hat, denn dann
bleibt es nur ein Desiderat, während das den Frieden ver-

---

[4]) v. Kaltenborn bezeichnet (Krit. d. Völkerr. S. 160) den Versuch Fallati's (in s. Genesis d. Völkergesellschaft in d. Tübing. Zeitschr. f. Staatsw.
1844 I. 160 ff., 260 ff., 558 ff.), die internationale Gemeinschaft in eine re-
präsentative Völkerwahlmonarchie umzuwandeln, als eine verzweifelte Ansicht vom Völkerrecht, denn nach ihr werde mit Nothwendigkeit das Völ-
kerrechts- in ein Staatsrechtsleben aufgelöst; s. die ausführlichere Beur-
theilung Fallati's in meiner Systemat. d. Völkerrechts. Dorpat 1858, I. 288 ff.

bürgende Recht ein Inbegriff von zu verwirklichenden Postulaten ist. Die Durchsetzung der absoluten Geltung des positiven Völkerrechts als des Weltgesetzes zur Festbegründung einer seit lange erstrebten, aber noch lange nicht erreichten, Weltrechtsordnung aber kann durch Einzelne und durch Vereinigung dieser zu einer Liga wol unterstützt werden, aber die Hauptfactoren zur Setzung und Durchsetzung des Völkerrechts bleiben die allein berufenen Subjecte des Völkerrechts — die Staaten. Sie haben dazu die Macht, das Recht und die Pflicht. Das Völkerrecht ist ein Staatenrecht und nur dieses ein Völkerrecht. Nur Völkerindividuen in der Form von Staaten sind die Subjecte des Völkerrechts. Das zu einer Rechtsgemeinschaft geeinte Volk und der Staat sind identisch [5]). Das Naturvolk kann seine Glieder in die Gebiete der verschiedenartigsten Staaten verstreuen und in solchen wiederfinden, oder es kann auch, wie das der Juden, gar keinen Staat für sich bilden. Der Monarch aber eines Staates ist ein Glied seines Volkes [6]) und dessen Vertreter in den Beziehungen zu anderen politisch geeinten Völkern oder Staaten. Das Subject, das er vertritt,

---

[5]) „Das Volk aber, zur Rechtsgemeinschaft concentrirt und organisirt, ist nichts Anderes als der Staat". „Es gliedert sich die Menschheit in Völker, mithin rechtlich in mehrere Staaten". v. Kaltenborn, Krit. d. Völkerrechts 258 ff. Aehnlich sagt von Gerber, Grundzüge eines Systems des deutschen Staatsrechts, 1869; „Im Staat erhält ein Volk die rechtliche Ordnung seines Gemeinlebens".

[6]) Diese Auffassung des Fürsten ist die dem Staate und der Dynastie heilsamste. Treffend sagt Karl Fischer in seiner „Geschichte der auswärtigen Politik und Diplomatie im Reformationszeitalter" (Gotha, 1874): „Nur da, wo eine Dynastie mit dem Volk verwachsen ist, wo beider Interessen gemeinsam sind, der Fürst sich als ein Glied seines Volkes fühlt, ist eine Behandlung der auswärtigen Politik möglich, welche lediglich durch die wahren Interessen des Staates bestimmt wird". Desshalb sehen wir auch immerwährende Verfassungswechsel und Personenwechsel in denjenigen Staaten, wo die Dynastie nicht mit dem Volk verwachsen ist, sondern nur herrschen will, die blosse Legitimität sichert ihr aber nicht die Herrschaft und erwirbt sie auch nicht wieder, wie die Geschichte unserer Zeit es unzweideutig gelehrt hat in Frankreich, Spanien und Italien.

ist der Staat, er ist nicht der Staat selbst, wie Ludwig
XIV. in seinem bekannten „l'état c'est moi" sich mit
Ueberhebung ausdrückte, sondern nur dessen vornehmstes
Glied und höchster Vertreter. Daher sind auch die Mo-
narchen selbst nicht Subjecte des Völkerrechts, denn dieses
Recht haftet nicht an ihnen, sondern an den Staaten und
diese überdauern als dauernde Rechtspersönlichkeiten die
zeitliche Existenz physischer Persönlichkeiten oder Souveraine.
Selbst Dynastien sind geschwunden, der Staat ist geblieben.
Daher sind Staaten jeder Verfassungsform gleichberechtigte
Subjecte des Völkerrechts, und erweist man selbst Republiken
sog. königliche, richtiger staatliche Ehren, weil sie eben
als Staaten Subjecte des Völkerrechts sind. Dass aber andere
einzelne Personen, ausser dem Monarchen, noch weniger Subjecte des Völkerrechts sein können, da auch an ihnen als einzelnen das Völkerrecht nicht haften kann, sie ausserdem aber
nicht gleich dem Monarchen den Staat in seiner Machtfülle
vertreten, leuchtet ebenso ein, als dass der Gesandte nur der
Ermächtigte seines Staates, bei Monarchien durch die ihm
vom Monarchen aufgetragene Rechtsvertretung, ist. Denn auch
der Gesandte ist kein politisches Organ, er ist ein Rechtsorgan und hat eben desshalb auch besondere Rechte oder
Vorrechte [7]).

---

[7]) s. die Ausführungen gegen Heffter, welcher auch den Menschen an
sich, die Einzelnen, die Souveraine und ihre Familien, und die diplomatischen
Agenten für Subjecte des Völkerrechts hält, in meiner „Systematik des
Völkerrechts". Dorpat, 1858. S. 209 ff. Damals nahm ich noch zwei
Subjecte an, später habe ich zu der Ueberzeugung gelangen müssen, dass
nur eins: die Staaten, anzunehmen sei. Dass nur die souveränen Völker
die eigentlichen Subjecte des Völkerlebens seien, erkannte schon K. G.
Günther, Europ. Völkerrecht in Friedenszeiten, Thl. I. 1787. Thl. II. 1792,
v. Gerber behandelt aber im Staatsrecht (l. c. S. 19. ff. Anm.) die Staatsgewalt an sich, ohne Rücksicht auf ihre concrete Erscheinung im Mo-
narchenrechte, das Monarchenrecht ist ihm das Recht: „oberstes Organ des
Staates zu sein, es setzt die Existenz des Staates voraus, hat in ihm seine
Stätte". Eine Anwendung dieser Deduction auf das Völkerrecht muss dahin führen, die Staaten für die alleinigen Subjecte des Völkerrechts zu erklären, welche Ansicht auch Polson (principles of the law of nations
London, 1859 S. 16) vertritt.

Die Staaten müssen aber zur Uebung ihrer Pflicht als
Völkerrechtssubjecte in sich ein festes Ganzes bilden,
ihr Bestand muss soweit festgegründet sein, dass sie die
Beziehungen nach Aussen nicht blos allein, sondern auch im
Verein mit anderen Staaten für sich und sie fester Hand zu
ergreifen und durchzuführen, einheitlich vollkräftig sind.
Sind sie es nicht, so hören sie desshalb nicht auf, Subjecte
des Völkerrechts zu sein, aber sie sind dann keine voll wirk-
samen Glieder der internationalen Rechtsgemeinschaft. Staaten,
welche noch keine innere feste Rechtsordnung erlangt haben,
können zwar nominell Subjecte des Völkerrechts sein, wie
die Türkei [8]), besonders seitdem sie durch den Pariser Vertrag
von 1856 ausdrücklich in das europäische Concert aufgenommen worden, aber sie sind es nicht reell, wie die
immer erneuerten Interventionen der anderen Subjecte des Völkerrechts in die inneren Angelegenheiten der Türkei, wenn
auch in der milden Form freundschaftlicher Rathschläge, unzweideutig erweisen. Staaten, deren innere Ordnung aber
auch nur zeitweilig gestört ist, können ebensowenig nach
Aussen als vollkräftige Rechtssubjecte handeln, müssen vielmehr sich vielfache Einmischungen anderer Staaten gefallen
lassen und sich bei Verletzung und Nichtachtung ihrer Rechte
durch andere Staaten oder deren Angehörige nachgiebig erweisen. Die im Kampf gegen ihre inneren Feinde begriffene
Republik Spanien konnte nicht gleichzeitig energisch denjenigen Staaten gegenüber treten, welche duldeten, dass ihre
Staatsangehörigen die Carlisten und die Insurgenten auf Cuba
in mannichfachster Weise durch Geld und Waffen unter-
stützten. Was desshalb als Spanien's Schwäche bezeichnet
wurde, war nichts weiter als eine durch Abwehr des inneren
Kampfs aufgezwungene Nothwendigkeit, und hätten die übrigen

---

[8]) „On peut à peine dire que la Turquie soit un État." Laurent. histoire du droit des gens XVIII (1870), pag. 530, s. übrigens Embrechts, de
vi iuris gentium Europaei in consuetudinem quae portam ottomanicam inter
et caeteras europaeas gentes intercedit. Trajecti ad Rhenum 1858 und
Travers Twiss, the law of nations, Oxford 1861: the ottoman empire
S. 82 ff.

Staaten, wenn sie ihrer völkerrechtlichen Pflicht eingedenk
gewesen wären, die Existenz der übrigen Staaten zu schützen,
nicht dulden sollen, dass ihre Staatsbürger jene inneren
Fehden durch Hülfsmittel unterstützen, wie es denn überhaupt nie einer Rechtsgemeinschaft dienlich und ihrer würdig
sein kann, wenn äussere Kriege und innere Fehden von
Gliedern derselben vermittelst Lieferungen von Kriegsmitteln
durch Staatsangehörige anderer Glieder weiter ausgesponnen
werden. Die in dem letzten deutsch-französischen Kriege
von den Angehörigen anderer Staaten im grossartigsten
Maasstabe geschehenen Lieferungen von Kriegsbedürfnissen an
einen der kriegführenden Theile, waren Verletzungen der Neutralitätsgesetze[9]), denn sie wurden ausgeführt durch Angehörige
neutraler Staaten, während die jetzt zugelassenen Geldsamm-
lungen und Zufuhren von Kriegsbedürfnissen für die Karlisten
als unbefugte Interventionsfälle[10]) zu rubriciren sind, da
kein Staat zulassen darf, dass seine Angehörigen die inneren
Fehden in einem fremden Staate unterstützen. Somit werden
durch solche Beihülfen nicht blos Pflichten der Völker-
moral verletzt, sondern Bestimmungen des Völkerrechts,
und ist es eine laxe Uebung der Völkerrechtspflichten, wenn
ein Staat zulässt, dass seine Unterthanen, anstatt den Völker-
rechtsbestimmungen gemäss sich zu verhalten, die Politik
freier Hand treiben.

---

[9]) S. meinen Artikel über die „Neutralitätsgesetze" in Holtzendorffs
Rechtlexikon. 2. Aufl. 1874.

[10]) Die des Völkerrechts unkundige Presse bezeichnet zwar auch diese
Fälle als Neutralitätsverletzungen, indess ist die Voraussetzung der Neutralität ein Krieg und kann dieser nur von Völkerrechtssubjecten geführt
werden, Don Carlos ist aber nur ein Prätendent, und die Insurgenten auf
Cuba sind ebensowenig Völkerrechtssubjecte. Auch die innere Fehde der
Nord- und Südstaaten d. V. St. v. Nordamerika war kein Krieg, denn
nur die Union ist ein Völkerrechtssubject, weder die Nord- noch die Südstaaten für sich sind es.˙ Dabei war es ganz gleichgültig, ob dritte
Staaten die Südstaaten als kriegführende Partei anerkannten oder nicht,
denn durch einen Willküract der Anerkennung konnte die Völkerrechts-
bestimmung nicht erschüttert, geschweige denn abgeändert werden.

---

2. Das Territorium.

So wie die Aufrichtung und Wirksamkeit des Staatsrechts eines einzelnen Staates von der Constituirung desselben zu einem festen Ganzen abhängig ist, so ist auch die Setzung und Uebung des Völkerrechts nur festgewordenen und festgebliebenen Staaten möglich. Ein Staat ist aber erst dann zu einem festen inneren Bestande gelangt, wenn er in seinen drei Hauptmomenten: dem Territorium, der Bevölkerung und der Obrigkeit festgeworden und festgeblieben. Wie soll zunächst ein Staat, der noch nicht zur Fixirung seines Territoriums gelangt ist, der unbefriedigt immer noch nach Expansion strebt und seine Grenzen hin und her rückt, ein festes Verhältniss zu anderen Staaten einnehmen können und wie sollen diese mit ihm eine feste Ordnung einzugehen bereit sein, wenn sie sich Dessen zu gewärtigen haben, dass der Rechtsgenosse von heute morgen zum Angriff gegen sie schreitet, um aus ihrem Gebiet das seinige zu arrondiren oder fremdes dem seinigen einzuverleiben oder, wie man sich seit einigen Jahrzehnten milder ausdrückt, zu annectiren. Die Stabilisirung der Territorialverhältnisse ist daher die erste Bedingung zur steten Theilnahme an der Setzung und Uebung des Völkerrechts.

Ein Rückblick erweist uns aber, dass trotz der Arbeit der vorigen Jahrhunderte zur Arrondirung und Festbegränzung der Territorien der Staaten, diese doch noch in unserem Jahrhundert vielfach in Wandlung begriffen waren. Beträchtliche Territorialvertheilungen oder nur Herrschaftswechsel decretirte Napoleon I. zu Gunsten von Familiengliedern, Anlockung und Erhaltung von Bundesgenossen und zur Belohnung verdienter Generale. Indem er aber, anstatt den von ihm errichteten Souverainetäten die ihnen begriffsmässig zukommende Unabhängigkeit zu gewähren, ihnen nicht ein Mal die Macht, noch die Zeit gönnte, zu ihrem Staatsvolk in ein inniges Verhältniss zu treten, erscheinen die von ihm geschaffenen Souverainetäten entweder nur als halbsouveraine oder nur als provisorische, oder als seine Vertreter oder Statthalter, als Würdenträger des Kaiserreichs, als absetzbare Beamte eines Dictators, der selbst dem definitiven Ziel einer Universalmonarchie zustrebte [11]). Daher musste vergehen was Napoleon in der Zeit seiner Macht hatte entstehen lassen, musste sich lösen was er gebunden, nachdem er, der gefürchtete Herrscher der Welt, zum ohnmächtigen Gefangenen auf St. Helena geworden.

Nach dem Sturze Napoleons schufen die siegenden Mächte auf dem Wiener Congress neue Staatsgebilde und begründeten neue Herrschaftsverhältnisse, welche zwar einen längeren, aber doch auch keinen dauernden Bestand hatten und deren Aenderungen vielfach von den Congressmächten selbst unterstützt oder entweder ausdrücklich oder stillschweigend gutgeheissen wurden. Nicht gering sind diese Aenderungen, indess lassen sie grössere Dauerhaftigkeit erhoffen als die Constructionen eines Congresses, welchem die schwierige Aufgabe zugefallen war, in kurzer Zeit Altes wiederherzustellen und Neues zu bilden, der Vergangenheit gerecht zu werden und die Zukunft zu sichern. Ueber dessen schwieriges Werk der Aufrichtung einer festen Staatenordnung hinterher ein abfälliges Urtheil zu fällen, geziemt zwar nicht, aber so viel darf constatirt werden, dass der Congress mehr ein politisches Staatensystem als ein internationales Rechtssystem erstrebte, ja dass jenes wesentlich durch ihn initiirt wurde und dass die verschiedenen Beschlüsse keinem einheitlichen Princip entstammten, sondern bald dem alten System des politischen Gleichgewichts, bald dem neuen Legitimitätsprincip. Was nun des politischen Gleichgewichts halber gegründet war hatte keinen Rechtsbestand, und was durch das Legitimitätsprincip geschaffen war, wurde zum nicht geringen Theil durch die innere oder äussere Politik wieder in Frage gestellt.

Die in den letzten Jahrzehnten vollzogenen Bildungen von Staatsterritorien sind aber entweder Neu- oder Umbildungen. Denn einerseits schieden in Staaten, in welchen verschiedene

---

[11]) F. Brockhaus, das Legitimitätsprincip, Leipzig 1868. S. 6 ff.

Nationalitäten zu einem äusseren Rechtsverbande gefügt waren, die aber innerlich sich nicht angezogen fühlten, sondern immer mehr von einander abgestossen wussten, diejenigen Territorien, in welchen die dem Gesammtstaat immer widerwilliger verbunden bleibende Nationalität in überwiegender Mehrheit war, aus dem staatlichen Gesammtverbande und bildeten einen Staat für sich. Andererseits strebten von Bevölkerungen einer und derselben Nationalität erfüllte Staaten zu einem Einheits- oder Bundesstaat [12]), je nachdem sie entweder ihre Sonderexistenz vollständig aufgaben oder sie zum Theil fortführten. Beispiele der Neubildung bieten Griechenland und Belgien, der gänzlichen Umbildung Italien und der theilweisen Deutschland. Dadurch entstanden entweder neue Subjecte des Völkerrechts oder statt mehrerer eins oder es blieben mehrere Subjecte neben einander bestehen, verbanden sich aber für ihr äusseres Staatsleben zum Theil zu einer rechtlichen Gesammtorganisation, indem sie einige Rechte der äusseren Souverainetät, wie z. B. das Gesandtschaftsrecht, ein jeder für sich, zu üben berechtigt blieben [13]).

[12]) Severinus von Monzambano, (Samuel von Pufendorf) „Ueber die Verfassung des deutschen Reichs" (zuerst Genevae, 1667) (deutsch von Harry Bresslau, Berlin 1870) nannte das alte deutsche Reich ein unregelmässiges, fast monströses Staatsgebilde, das sich indess einer Föderation nähere (Cap. VI § 9). Auch die Verfassung des neuen deutschen Reichs hat ihre Kritiker gefunden, unter welchen R. v. Mohl, das deutsche Reichsstaatsrecht, Tübingen 1873, Joseph von Held, die Verfassung des deutschen Reichs vom staatsrechtlichen Standpunkt aus betrachtet, Leipzig 1872, Albert Haenel, Studien zum deutschen Staatsrecht, Leipzig 1873, und Brie, der Bundesstaat, Leipzig 1874, hervorragen. Dass diese neue Verfassung noch vielfache Abänderungen erfahren muss und wird, unterliegt keinem Zweifel, denn sie ist gemacht und nicht gewachsen. Dennoch musste der günstige Moment der nationalen Begeisterung für das Kaiserreich sofort ausgenutzt werden und war die Stiftung desselben ohne Verfassung unmöglich. Diesem Ursprunge und dass sie das Werk eines nicht doctrinairen Staatsmannes war, müssen denn auch einige juristische Mängel zu gute gehalten werden. Compromisse wie die Verträge zwischen dem norddeutschen Bunde und den Südstaaten zur Herstellung des deutschen Reichs schaffen nie vollkommenes und namentlich nichts einheitliches.

[13]) „In den Verträgen, welche das deutsche Reich schufen, liegt (abgesehen von Elsass und Lothringen) lediglich der Rechtsact freiwil-

Die deutschen Staaten, welche sich in der letztangeführten
Weise verbanden, haben dadurch zugleich ein Beispiel gegeben, wie der einzelne Staat mit Bewahrung seiner Souverainetät Concessionen dieser zu einem Gesammtzweck gewähren kann. Durch Concessionen von Staaten an Staaten
aber, zu einem weitergehenden Zweck — der Herstellung und
Verwirklichung einer Weltrechtsordnung, muss das Völkerrecht als das Recht souverainer Staaten sich fortbilden, denn
die Staaten können nur aus freiem oder souverainem Willen
ein Rechtssystem zwischen sich aufrichten, es giebt keine
höhere Willensmacht, welche ihnen ein solches Gemeinschafts-
system verordnen könnte.

Bei beiderlei Arten von Staatenbildungen war ein und
dasselbe Princip: das Nationalitätsprincip als treibende
Kraft wirksam, die Berechtigung desselben wird später geprüft werden.

Die Erhaltung neugebildeter und kleinerer Staaten gegenüber Angriffen grösserer ist in eigenthümlicher Weise durch ein
Völkerrechtsinstitut gesichert worden. Schon in früheren
Jahrhunderten wurde die äussere Machtstellung der Schweiz
und in diesem Belgiens und Luxemburgs durch völkerrechtliche
Neutralisation [14]) beschränkt und zugleich gegen Angriffe
gesichert, wodurch, soweit die Neutralisation geachtet wird,
der neutralisirte Staat unangreifbar, damit aber dessen äussere
Macht für äussere Zwecke überflüssig wird. Die Neutrali-

---

liger Uebertragung ursprünglich an einzelne Fürsten und Staaten
selbstständig haftender Souverainetätsrechte auf den deutschen Kaiser.
Im Sinne der Schulsprache ist das deutsche Kaiserreich unzweifelhaft als
Bundesstaat anzuerkennen, obgleich den deutschen Fürsten das active
und passive Gesandtschaftsrecht geblieben ist." v. Holtzendorff, Encyclopäd.
d. Rechtsw. 2. Aufl. I. 806. Dass das deutsche Reich ein Bundesstaat
sei mit föderativer Modification der Verfassung des norddeutschen
Bundes anerkennt Brie l. c. 157., s. ebendas. Anmerk. dessen Ausführung,
dass die Auffassung d. deutschen Reichs als Bundesstaat sententia communis
aller derjenigen sei, welche überhaupt den Bundesstaatsbegriff festhalten.

[14]) S. in meinem Artikel „Neutralitätsgesetze" in v. Holtzendorffs
Rechtslexicon, 2. Aufl. 1874 den dort ausgeführten Unterschied zwischen
Neutralität und Neutralisation.

sation bedingt, dass der neutralisirte Staat sich der Angriffe und überhaupt kriegerischer Actionen gegen andere Staaten enthält, wesshalb auch die Erklärung der Neutralität seitens eines neutralisirten Staates im Falle eines zwischen anderen Staaten, welche seine Neutralität schon vorher allgemein anerkannten, ausgebrochenen Krieges, nicht blos rechtlich irrelevant, sondern auch unthunlich ist, indem ein Staat, der schon vertragsmässig verpflichtet ist, sich neutral zu verhalten, nicht noch durch besondere Erklärungen sich dazu verpflichten kann, weil ihm die Wahl zwischen Betheiligung oder Nichtbetheiligung nicht mehr frei steht.

Solche Neutralisationen erscheinen, nach den in Bezug auf die Schweiz, abgesehen von den Gebietsverletzungen bei Truppendurchmärschen, gemachten günstigen Erfahrungen als ein wirksameres Mittel für kleinere Staaten, deren Selbstständigkeit und Unabhängigkeit gegenüber den Annectionsgelüsten grösserer zu behaupten, als besondere Garantien der Existenz und Unabhängigkeit, wie bei Griechenland, übernommen durch einige Staaten und als das für kleinere Staaten gegenüber grösseren für unentbehrlich gehaltene politische Gleichgewicht. Es scheint daher empfehlenswerth, dass kleinere Staaten wie Griechenland, Portugal, Holland und Dänemark, falls nicht für letzteres eine scandinavische Union mit Schweden und Norwegen beliebt würde [15]), gleich der Schweiz und Belgien neutralisirt würden, um den immerwährenden Befürchtungen von Annectirungen aller dieser Länder durch grössere Staaten den Vorwand und ihnen durch die Neutralisation die Fähigkeit zu Alliancen mit anderen gegen andere Staaten zu nehmen [16]). Freilich ist dabei zu fordern, dass die Neutralisation collectiv von sämmtlichen Staaten vollzogen werde, nicht blos von einigen, und dass der neutralisirte Staat

---

[15]) S. über diese Union Laveleye, des causes actuelles de guerre en Europe et de l'arbitrage. Bruxelles et Paris 1873 S. 128 ff.

[16]) Von anderer Seite (s. d. anonyme Schrift: „Der Grundsatz der Nationalität und das europäische Staatensystem", Berlin 1860 S. 26), ist die Bildung mehrerer zu neutralisirender Staaten aus den Ländereien der Türkei vorgeschlagen worden.

gegen jede Schmälerung seines Territoriums von den anderen
Staaten auch reell geschützt werde, wesshalb es ganz unzulässig ist, dass ein Staat zuerst zu dem Beschluss der Neu-
tralisirung mitwirkt und hinterher erklärt, dass er die Neutralität eventuell mit Waffengewalt aufrechtzuerhalten, nicht
gesonnen sei. Staaten, die so handeln, verurtheilen sich selbst
zur Statistenrolle in der völkerrechtlichen Gemeinschaft, die
nicht blos eine Gemeinschaft des Wortes, sondern auch eine
der That ist und sein muss. Eine nicht durchgeführte Neutralisation ist gleich einer Blocade auf dem Papier, und Pro-
testnoten nach geschehener Verletzung durch den Verletzten
oder andere Staaten, constatiren in der Regel nichts weiter
als die Thatsache, bewirken aber keine restitutio in in-
tegrum, noch eine Entschädigung oder Genugthuung, mit
einem Worte keinen Rechtsvollzug.

Sind aber der neue Einheits- oder der neue Bundesstaat
nicht im Stande, die früheren Sonderexistenzen dauernd zu
einer vollständigen oder unvollständigeren Gesammtexistenz
zu verbinden, streben die früher getrennten wider einander,
anstatt mit und für einander, so wird auch der wiederauf-
lebende alte Sondergeist die neue Form sprengen. Assimi-
liren sich aber die staatlich oder bundesstaatlich neu verbundenen Elemente immer mehr, so wird der Einheitsstaat fest
bestehen bleiben trotz aller Proteste depossedirter Fürsten
und Agitationen ihrer Parteigänger und wird der Bundesstaat trotz seiner inneren Gegner, die verschiedenen Glieder
immer enger an einander fesseln und endlich auch zum Einheitsstaat werden, wenn auch diese Form durchaus nicht Bedingung des Fortbestehens z. B. für das deutsche Reich ist.

Dass aber mit den letzten Neu- und Umbildungen die
Territorialbildungen für immer abgeschlossen worden seien,
wird nicht prophezeit, geschweige denn behauptet oder gar
bewiesen werden können und gehört eine solche Hoffnung
ebenso in das Bereich der pia desideria als der Traum eines
ewigen Friedens, wenn auch sowol das Eine als Andere Ziel-
punkte des Völkerrechts bleiben können und das Festhalten
solcher Strebungen immer mehr dahin führen wird, keine

dem Völkerrecht widerstreitende Territorialveränderungen in Aussicht zu nehmen und keine durch das Völkerrecht nicht legalisirte gewaltthätige Acte zu üben und sie nicht eher zu beginnen, als bis die Mittel gütlichen Verfahrens vergeblich versucht sind. In diesem Sinn giebt es ein Völkerrecht zu Gunsten des Friedens und wider den Krieg.

3. Die Bevölkerung.

Aber nicht nur sind die Territorien zu stabilisiren, sondern muss auch die Bevölkerung, der den Staat erfüllende und bei ʰᵉnde Factor, zu einer Rechtsordnung und durch sie gefestigt werden, und kann nur von einer durch Rechtseinheit, trotz mannichfacher Verschiedenheiten, gebundenen Bevölkerung eine Kraftäusserung des von ihr erfüllten Staates nach Aussen erwartet werden. Die Verschiedenheiten sind aber entweder nationale oder religiöse oder politische oder rechtliche.

Einerleiheit der Nationalität finden wir, wenn wir auf die Zeit der Nationalitätsbildung zurückgehen, kaum in irgend einem Europäischen Staate. Auch ist sie zum festen Bestande eines Staates keineswegs erforderlich und ist durch sie auch der innere Friede nicht besser verbürgt. Frankreich ist relativ ein national einheitlicheres Land, wenn die Bewohner der von Italien annectirten Landstriche ihrer grossen Majorität nach französischer Abkunft sind, auch Spanien bietet ein weiteres Beispiel relativer nationaler Einheit. Sind nun etwa diese Staaten weniger inneren Kämpfen ausgesetzt als andere, welche noch immer deutlich hervortretende verschiedene Nationalitäten in sich vereinigen wie etwa Oesterreich? Erweist sich etwa die Schweiz mit ihren drei, numerisch beträchtlichen Nationalitäten: der deutschen, französischen und italiänischen nicht sogar fortbildungsfähig, hat sie nicht noch soeben, trotz jener Verschiedenheit, mit grosser Majorität eine neue Bundesverfassung beschlossen? Die Einerleiheit der Nationalität ist es also nicht, welche den inneren Frieden oder Bestand und die Entwicklungsfähigheit eines Staates

verbürgt, sondern es bedingt sie die gegenseitige Achtung der
verschiedenen Nationalitäten auf Grund ihrer Gleichberechtigung selbst beim Zusammenleben verschiedener Nationalitäten
in einem und demselben Staat.   Jene Gleichberechtigung auszusprechen ist aber schon Aufgabe des Staatsrechts. Es
giebt im Rechtsstaat keine höher oder geringer, besser oder
schlechter zum Recht befähigten, Alle sind Staatsbürger
zu gleichem Recht.   Persönliche und sachliche Freiheit
verwirklichen sich immer mehr im Rechtsstaat und Rechtsstaat ist ein jeder Staat, der die Forderungen des Rechts zu
erfüllen als seine Pflicht anerkennt und sie erfüllt, nicht blos
derjenige, der sich einen constitutionellen nennt, sonst wäre
selbst eine Republik kein Rechtsstaat.   Je mehr aber der
Staat zum Rechtsstaat wird, desto befähigter wird er, ein
Subject des Völkerrechts zu sein, auch seinen äusseren Verhältnissen ein Recht zu setzen und dieses in seinen Beziehungen zu anderen Staaten durchzuführen.

Auch rücksichtlich des Religionsbekenntnisses ist
Einerleiheit für die Bevölkerung eines Staates nicht zu fordern, wol aber gegenseitige Achtung der Bekenner verschiedener Religionen und Confessionen auf Grund gleichen Rechts.
Die innerhalb eines Staates geführte Fehde zwischen verschiedenen Religionen, häufiger Confessionen einer und derselben
Religion: der christlichen, so wie gar von Parteien innerhalb
einer und derselben Confession, der katholischen: der Alt-
und Neukatholiken (der s. g. Ultramontanen) bedroht die
innere Festigkeit eines Staates in ernstlicher Weise und hat
der Staat daher die Pflicht, durch eine feste Gesetzgebung
und wirksame Handhabung derselben, dem religiösen Unfrieden
zu steuern, und die trotz der Gesetzgebung ihre Fehde dennoch
fortführenden zu strafen, falls sie jener zuwider handeln.
Zwar ist die in religiöse Forderungen gehüllte politische Opposition keine religiöse, aber wol bewirkt die religiöse Schein-
form Verbindung religions- oder confessions-verwandter Elemente nicht blos zu gemeinschaftlicher politischer Opposition
gegen die Regierung, sondern auch gegen die sich ihr nicht
anschliessenden Glieder der Bevölkerung.   Die religiös-poli-

tische Agitation ist vaterlandslos und radical, sie richtet nichts
ein bis auf die Organisation der Opposition und richtet nichts
aus als Zwietracht und Hass, denn so wie früher die Religionskriege, so werden früher und jetzt (s. Heinrich v. Sybel,
klerikale Politik im neunzehnten Jahrhundert, Bonn 1874)
die religiös-politischen Agitationen vom Fanatismus eingefädelt
und ausgesponnen. Der Staat, dessen Bevölkerung solcher
Agitation preisgegeben ist, muss ihr mit voller Energie entgegentreten. Die kleine Schweiz geht darin grösseren Staaten
mit rühmlichstem Beispiel voran. Preussen musste immer
mehr erfahren, dass temporisirende Massregeln, wie die
Temporaliensperre, das Uebel nicht bezwingen, und hat zu
ernsteren Massregeln seine Zuflucht nehmen müssen, zum Ge-
fängniss und Gericht. Selbst Oesterreich's Gesetzgebung hat
begonnen, dem Staate sein Recht gegenüber der Kirche zu
sichern und sich aus dem Bann der Concordate befreit, während Bayern noch unsicher hin- und herschwankt, den ultramontanen Friedensstörern dadurch nur immer mehr Macht
einräumend. Denn gegen eine solche geschlossene Macht,
wie die der Ultramontanen, kann der Staat nur in conse-
quentester Weise vorgehen mit Gesetz und Richtschwert. Die
wahren Anhänger einer Rechtsordung aber dürfen unter
keiner Bedingung von jener religiös-politischen Agitation,
selbst wenn sie auf ein Mal als Vertreterin der Volksrechte
und einer freien Presse auftritt, sich bestricken und verun-
einigen lassen, oder etwa zur Befriedigung ihrer Oppositions-
sucht aus anderen Gründen mit jener gemeinsame Sache machen
(s. Sybel 117), denn sie stärken dadurch die von ihnen selbst nicht
gebilligte Haupttendenz und unterhalten ausserdem die wach-
gerufene Gährung der Bevölkerung. Eine Gemeinschaft, wie
jene, welche die weltliche Macht als höchste in staatlichen
Fragen nicht anerkennen will, welche der Obrigkeit, obgleich
sie von Gott ist, mit Missachtung begegnet, welche den von
dieser und den Staatsbürgern beschlossenen Gesetzen nur insoweit Gehorsam leistet, als es ihre kirchliche Sonderpolitik
nicht beeinträchtigt oder ihre kirchliche Obrigkeit es ihr
gestattet, welche die staatliche Ordnung angreift und die

Aufmerksamkeit von diesem ihren Angriff, durch das Simu-
liren eines Angriffs des Staats gegen die Kirche, angeblich
zur Vernichtung dieser, abzulenken trachtet, eine solche Gemeinschaft ist in offener Revolution gegen die Rechtsordnung
des Staates begriffen, wenn sie auch vorgiebt, nur der milden
Theorie des passiven Widerstandes Folge zu leisten. Eine
solche Gemeinschaft schwächt den Staat, weil sie die zusammen-
gehörenden Glieder der Bevölkerung gegen einander aufregt
und zugleich die Rechtsordnung untergräbt. Sie wirbt
sich ihre Schaaren unter den Blindgläubigen, welche nicht
sehen, dass sie anstatt blos den verkündigten Lehren zu ge-
horchen, den Verkündigern derselben sich willenlos unter-
thänig machen, dass sie angeblich für die Kirche, aber
wirklich gegen den Staat aufgewiegelt werden, dass sie,
zur angeblichen Bewahrung ihres Seelenfriedens, angestachelt
werden, den bürgerlichen Frieden zu stören. Da aber nicht
Alle sich zu blinden Werkzeugen der Priesterherrschaft her-
geben wollen, so spaltet sich die Bevölkerung in zwei grosse
Heerlager und eine so aus- und gegen einander getriebene
Bevölkerung ist nicht geeignet, den Staat, den sie erfüllt, zur
Durchführung seiner völkerrechtlichen Aufgaben zu kräftigen,
wenn er sich nicht trotzdem seine Kraft zu wahren weiss und
wenn nicht die der Rechtsordnung treu gebliebene Bevölkerung die grosse Majorität bildet. Indess erfüllt der Staat,
indem er die Ultramontanen in die Rechtsschranken weist,
selbst eine völkerrechtliche Pflicht. Denn nicht in
einem, sondern in mehreren Staaten zugleich, ist der Kampf
zwischen Staat und Kirche entbrannt und beschränkt sich
auch keineswegs die Kampfgenossenschaft auf das Gebiet
eines Staates: Ein Band umschlingt alle Kampfgenossen,
wenn sie auch noch so verschiedenen Staaten angehören
(s. Sybel, 108). Die religiös-politische Fehdegemeinschaft
verwischt selbst nationale Antipathien, ja führt sogar Bundesgenossen aus fremden Confessionen hinzu, welche Kirch-
lichkeit mit Auflehnung gegen den über das Verhältniss der
Kirche zum Staate gesetzgebenden Staat für nothwendig mit
einander verbunden erachten.

Die Ultramontanen bilden nicht blos eine staatliche, sie bilden eine internationale Gemeinschaft.
Das Haupt der religiös-politischen Internationale hat seinen
Sitz in Rom, ihre Bundesgenossen sind einerseits die Ritter
der Legitimität und andererseits die Proletarier der Socialdemokratie. Die Legitimität fordert als Preis ihrer Bundes-
genossenschaft die Wiederaufrichtung ihrer umgestürzten
Throne, die Socialdemokratie weiss sich eins mit der Priesterherrschaft, weil beide den Staat, jene von der Gesellschaft aus,
diese von der Kirche aus umstürzen oder radical umbilden
wollen. Die religiös-politische Internationale selbst aber hat
weitreichende Ziele, sie will ein christlich-katholisches Welt-
reich aufrichten. [16]). Gegen alle diese Gegner des Staates
und der Staaten, ist es eine völkerrechtliche Pflicht, einzu-
schreiten, denn das moderne Völkerrecht garantirt in seinen
Grundrechten die Existenz der Staaten und es besteht aus
gleichberechtigten Staaten. Die religiös-politische Internationale, welche die Existenz der Staaten bedroht und einen
Universalstaat aufrichten will, ist daher eine erklärte Gegnerin
nicht bloss des Staats-, sondern auch des Völkerrechts. Der
internationale Rechtsstaat muss dem internationalen Kirchenstaat das Entstehen wehren, nachdem der antinationale Kirchenstaat endlich sein Ende gefunden.

Weit weniger gefährlich für die Existenz des Staates
sind die blos politischen Differenzen innerhalb der Bevölkerung, ja sie sind für unvermeidlich zu halten. Ein politisches Leben bedingt politische Parteien und, dass trotz derselben der Rechtsstaat sich festwurzeln kann, lehren uns England und Preussen und andere kleinere constitutionelle Staaten,
wie namentlich Baden. Nur wenn die politischen Parteien
keine allmälige Entwickelung, sondern immerwährenden Wechsel oder gar Umsturz aller Verhältnisse erstreben, bringen sie
den Staat in Gefahr und kann ein so innerlich zerklüfteter Staat,
der desshalb schwer die innere Ordnung aufrecht zu halten

---

[16]) S. in der baltischen Monatsschrift (Jahrgang 1871, S. 175) meine
Rede über „Kaiser und Reich". Sybel misst der Curie dagegen (S. 22)
nur die Tendenz zur Einheit der Weltkirche bei.

vermag, wol kaum eine Achtung gebietende Stellung nach
Aussen einnehmen und für das Völkerrecht wirken. Wol
sind Staatsmänner wiederholt bestrebt gewesen, die Aufmerksamkeit von nicht befriedigenden inneren Zuständen durch
ungerechtfertigte aber siegreich geführte Kriege auf das Aeussere
abzulenken und ist Das insbesondere die Politik der Bonaparte's gewesen, aber sie waren ja auch nie Vertreter des
Völkerrechts [17]), setzten sich vielmehr vollkommen über dasselbe hinweg und passte dasselbe auch wahrlich nicht mit
seinem Grundrecht „der Gleichberechtigung der Staaten" zu
ihren selbst- und herrschsüchtigen Plänen. Ihre Siege mehr-
ten aber nicht ihr Ansehen als Völkerrechtssubjekte, Napoleon I. war nur gefürchtet, nie geachtet, und Napoleon III.
erliess fast unbeachtete Aufforderungen zur Beschickung eines
allgemeinen Congresses und als er seine letzte Niederlage, die
zu Sedan, erlebte, fühlte sich die Welt wie von einem Alp-
druck befreit und athmete selbst Frankreich auf, das in der
Gegenwart wiederum vom Bonapartismus bedrängt wird und
Sedan zu vergessen beginnt.   Ein Frankreich, das sich wiederum in die Netze bonapartistischer Ränkeschmiede ver-
stricken lassen würde, könnte aber nur politischer Verachtung
sich preisgeben.

Drei politische Parteien sind im Grossen und Ganzen
vorhanden. Die beiden Extreme halten ein die Conservativen
(die Rechte) und Radicalen (die Linke); vermittelnd zwischen
ihnen stehen die Liberalen (das Centrum), welche wiederum
sich dadurch in verschiedene Gruppen vertheilen, dass die
einen mehr der einen, die andern mehr der andern extremen
Partei sich nähern, wodurch ein rechtes und linkes Centrum
sich herausgebildet hat. Jene drei Hauptparteien finden wir

---

[17])Der Graf Garden characterisirt die Zustände der EuropäischenPolitik während der Herrschaft Napoleon's folgendermassen (Code diplomatique de l'Europe.
Paris. S. 79): „De 1789 à l' avénement de Bonaparte au pouvoir, il n'y a plus de
Diplomatie. Les traités de paix avec la Prusse et l'Espagne, les suspensions
de guerre avec l'Autriche, tout cela ne présente que les entr'actes du règne
de la force toujours plus ou moins victorieuse, et prenant haleine de
temps en temps".

im Wesentlichen in allen Verfassungsstaaten, wenn auch unter
verschiedenen Bezeichnungen wieder. In diesen Parteiunter-
schieden giebt sich zugleich die verschiedene politische Individualität Einzelner kund. Alle diese Parteien aber müssen,
um nicht als wider den Staat sich erhebend oder revolu-
tionirend angesehen zu werden, wenn auch wider einander,
so doch für den Staat streiten, sie müssen alle von der
Liebe zu ihrem Staate, vom Patriotismus getragen sein. Sie
müssen alle das Wohl des Staates wollen, wenn sie auch
über Mittel und Wege für dasselbe verschiedener Ansicht
sein können. Staatsfeindliche Politiker sind nicht blos Gegner
der zeitweilig herrschenden Staatspolitik und der zeitweiligen
Staatsvertretung, sie sind Gegner des Staates selbst und ist
es daher vollkommen falsch, wenn sie auch zahlreiche Ge-
sinnungsgenossen haben, sie für eine politische Partei
zu erklären, denn diese setzt den Staat voraus, negirt ihn
aber nicht, es giebt keine politische Partei wider den Staat
und ausserhalb des Staates, sie wäre dann keine politische
— denn Politeia ist der Staat, politisch ist staatlich. Es
ist daher ebenso falsch von einer ultramontanen als von einer
socialdemokratischen politischen Partei innerhalb eines politischen geordneten Staates und besonders seines Parlaments[18]) zu
sprechen. Clericale und sociale Parteien sind sie, aber politische nicht. So abweichend auch diese unsere Auffassung
von der usuellen ist, so können wir es doch nur als Ergebniss politischer Gedankenlosigkeit und als einen neuen Beweis
theoretisch mangelhaft basirter praktischer Politik ansehen,
wenn man den Ultramontanen und Socialpolitikern die un-
verdiente Ehre einer Gleichberechtigung mit den politischen
Parteien gönnte und diesen sie zuzählte, anstatt sie von Hause
aus als Gegner politischer Parteiconstruction hinzustellen und
schon hiedurch alle politischen Parteien wider sie zu einen und

---

[18]) Die Bezeichnung der ultramontanen Reichstagsglieder in Berlin als
Centrumspartei ist nur aus den Sitzen, die sie in der Mitte einnehmen, zu
erklären, denn die Vermittelung zwischen zwei Extremen wird wol schwerlich als der Grundcharacter der Ultramontanen bezeichnet werden können
oder es müsste auch hier lucus a non lucendo abgeleitet werden.

diejenige derselben als politisch-zweideutig zu charakterisiren,
welche entweder vollständige oder theilweise Bundesgenossen-
schaft mit jenen antipolitischen Parteien einging.

Den politischen Parteien in den Kammern liegen bald
innere, bald äussere Fragen zur Berathung und Beschlussfassung vor. In der Regel treten die Parteidifferenzen besonders bei den inneren hervor, während äussere von ihnen allen
gewöhnlich ohne weitgehende Debatten wider einander gut ge-
heissen werden. Diese Connivenz darf nicht als die Wirkung
eines reifen Verständnisses für das Völkerrecht angesehen
werden, denn leider ist ein solches sehr wenig verbreitet, sondern nur als die Wirkung eines mangelnden Verständnisses.
Wegen Unkenntniss des Völkerrechts und ausserdem aus Indifferenz gegenüber weiter abliegenden Fragen, will man
je eher je lieber die weniger erkannten und weniger inte-
ressirenden Fragen abthun.

Kehren wir aber zu den staatsfeindlichen Politikern zurück. Die Ultramontanen haben wir bereits in ihrem Einfluss
auf den Staat gewürdigt, es erübrigt uns jetzt, die Socialdemokraten in Betracht zu ziehen und sie zu jenen in Parallele
zu stellen. Sind die Socialdemokraten auch nur erst in geringer Zahl in den Kammern vertreten, so bilden sie doch
eine den Staat täglich immer mehr bedrohende Macht, indem
sie ausserhalb der Kammern aus den Kreisen der materiellen
Arbeit immer grössere Massen zu ihren staatsfeindlichen Doc-
trinen bekehren und hinüberziehen, um dereinst mit den
Massen zu operiren. Zunächst auf wirthschaftliche und gesellschaftliche Fragen sich beschränkend, haben die Socialdemokraten später sich auch den politischen Fragen zugewandt und suchen nun von der Wirthschaft und Gesellschaft
aus den Staat umzustürzen.

Socialdemokraten und Ultramontane bieten mehrere Ver-
gleichspuncte. Beide haben sie für ihre Agitation eine geschlossene Organisation; beide wirken sie auf die Massen, um
durch sie einst die oligarchischen Kammern umzustürzen;
beide wollen einen neuen Staat, die einen den Socialstaat,
die andern den Kirchenstaat; beide begegnen den staatlichen

Organen mit Hohn und den bestehenden Gesetzen mit Nichtachtung; beide sind vaterlandslos; beider Rede und Schrift ist
fanatisch, pietäts-, überhaupt maasslos; beide sehen eine Beschäftigung im Agitiren und organisiren daher auch die Socialdemokraten für die Beschäftigten, die Arbeiter, Strike's,
während die Ultramontanen zeitraubende Wallfahrten für
die Massen einrichten. Beide geben endlich vor, indem sie die
Bevölkerung gegen alles, was Autorität ist, ausser der ihrigen, und gegen alle Andersgläubigen anreizen, und somit Verachtung gegen den Staat und Hass gegen andere Glieder der
Bevölkerung nähren und den politischen Frieden stören, d i e
w a h r e n F r e u n d e des, so vielfach von ihnen aus seiner
Ruhe gestörten und zum Fanatismus und Hass erregten Volks
zu sein, das sie in Wirklichkeit nur bemüht sind, in immer-
während er Kampfbereitschaft zu halten.

Der Unterschied beider aber liegt hauptsächlich darin, dass
die Ultramontanen sich zu ihren Umtrieben der Autorität der
Kirche und des Jesuitismus bedienen, während die Socialdemokraten, alle Religion und alle Moral verleugnend, ihren
Anhang werben auf Grund einer selbst geschaffenen politischen
Oeconomie und Dialektik, welche wesentlich nur im Negiren
besteht und eine unmögliche Zukunft in Aussicht stellt. Es
giebt zwar eine Socialwissenschaft, welche den Staat in seiner
Arbeit für die Staatswohlfahrt zu unterstützen unternimmt
und es kann auch nicht verkannt werden, dass die gesell-
schaftlichen Zustände auch endlich der A r b e i t d e r Wis-
s e n s c h a f t bedürfen. Aber zu bedauern bleibt, dass nur
vereinzelte Männer der Wissenschaft, wie Schuetzenberger
(les lois de l'ordre social, Paris 1849), Robert v. Mohl (1855)
„die Staatswissenschaften und Gesellschaftswissenschaften" in
seiner Geschichte und Literatur der Staatswissenschaften I.
71 ff., Heinrich von Treitschke, „die Gesellschaftswissenschaft"
1859, und Nahlowsky, „Grundzüge zur Lehre von der
Gesellschaft 1865", Das früher, die meisten es aber sehr spät
erkannt haben. Welche praktische Resultate aber die Ka-
thedersocialisten im Nachholen des Versäumten einbringen
werden, muss die Zukunft lehren. Das Feld ist den Social-

demokraten eine lange Zeit hindurch frei gelassen worden
und haben sie Das gehörig ausgenutzt. Nur Schulze-Delitzsch
hat seit längeren Jahren durch die von ihm geschaffenen
Associationen eine praktische Lösung der Frage im grösseren
Maasstabe durchgeführt. Daher kann man sich nicht wundern, dass, wo die Männer der Wissenschaft meist sich noch
fern hielten, der Dilettantismus die Führung des Arbeiter-
standes übernahm, denn Männer wissenschaftlichcr Bildung,
wie Lassalle, blieben doch nur vereinzelte Erscheinungen.
Man kann sich nicht wundern, dass wo positive Institutionen
fehlten, wo die Gesetzgebung feierte, wo Staats- und Selbst-
verwaltung die wichtige Gesellschaftsfrage nicht anrührte, sondern namentlich die erstere sie nur als staatsgefährlich per-
horrescirte, während die Gefahr nur darin lag, den Socialismus sich selbst zu überlassen, dass dort diejenigen Propheten
willig Gehör fanden, welche überhaupt zu den Arbeitern hinab-
stiegen und sich der Arbeiterfrage annahmen.

Die Arbeiteragitation ist aber eine nicht minder ernste
Gefahr für den Frieden der Bevölkerung als die religiös-
politische des einzelnen Staates und hemmt in seiner Wirkung somit auch den Staat nach Aussen. Ausserdem hat
diese Agitation auch den beschränkten Wirkungskreis innerhalb eines einzelnen Staates schon verlassen. Auch sie hat
jetzt weiter gehende Ziele, sie hat einer social-demokratischen
Verbrüderung über jede Staatsgrenze hinaus sich zugewandt und
sich offen ein Central-Organ für ihre Bestrebungen in der
s. g. „Internationale" geschaffen. Hiermit ist dem Völkerrecht
nicht blos ein Anlass, sondern die Pflicht zur Reaction geworden. Denn den Schutz des Völkerrechts haben wahrlich
diejenigen nicht zu beanspruchen, welche die zur Setzung und
Durchsetzung des Völkerrechts berufenen Subjecte, die Staaten, immerfort angreifen, und verdienen sie, welche den
Rechtsbestand des Staates zu untergraben drohen, namentlich nicht dessen Asylschutz. Nur die schwächliche Besorg-
niss, illiberal oder gar despotisch zu erscheinen, hat dennoch
einige Staaten bestimmen können, ihre Territorien der socia-
listischen Propaganda nicht zu verschliessen, ja sie ruhig ge-

währen zu lassen. Wird aber die für das Völkerrecht noch in den ersten Anfängen begriffene Präventivjustiz [19]) weiter entwickelt, so wird es als eine Pflicht der Staaten der internationalen Rechtsgemeinschaft erscheinen, ihr Gebiet nicht zur Vorbereitung und Verbreitung social-politischer Umsturzpläne gebrauchen zu lassen, welche direct gegen die Genossen im internationalen Rechtsverbande, gegen die anderen Staaten gerichtet sind. Auch gegen die Socialdemokraten werden dann häufiger Ausweisungen oder Internirungen vollzogen werden, die nicht minder berechtigt erscheinen, als die bisher schon gegen anderweitigen Asylmissbrauch verfügten. Die Staaten, welche in stolzer Ueberschätzung ihrer geordneten Zustände den Socialisten ihren Staatsboden zur Propaganda in andere Staaten hinein gewähren, werden eines Tages sich Dessen bewusst werden, dass sie selbst die Störer auch ihrer Ordnung genährt und grossgezogen haben.

Auch die sociale Frage ist somit zu einer internationalen Aufgabe der Staaten geworden und es wäre zu wünschen, dass sie immer mehr als eine solche erkannt würde. Die Staaten haben ein gemeinsames Interesse, nicht bloss gegen den Ultramontanismus, sondern auch gegen den Socialismus sich zu rüsten und sie mit gemeinschaftlichen Mitteln vom befriedeten Rechtsgebiet abzudrängen oder fern zu halten. Es hat an Anregung dazu nicht gefehlt und wird wol auch hoffentlich bald an entsprechenden gemeinsamen Vereinbarungen gegen die gemeinsamen Staatsfeinde nicht fehlen, denn unmöglich können die Staaten die gemeinsame Gefahr an sich herankommen lassen und nur einigen wenigen Staaten oder jedem Staate für sich und in der von ihm beliebten Weise die Action überlassen. Beanspruchen die Ultramontanen sowie Socialisten verschiedener Staaten das Recht, sich zu internationalen Bestrebungen zu verbinden, so steht den Staaten die Pflicht zu, gegen ihre gemeinschaftlichen Gegner sich in übereinstimmender Weise zu ver-

[19]) S. über dieselbe R. v. Mohl in seinen Monographien aus d. Geb. d. Völkerrechts etc. 1860. „Die Pflege der internationalen Gemeinschaft als Aufgabe des Völkerrechts". I. 605 ff.

halten und gemeinschaftlich gegen die gemeinsame Action zu rea-
giren. Die Staatsregierungen werden aber dann nicht blos
mit dem Theil ihrer Bevölkerung, welcher gegenüber grund-
stürzenden Agitationen Recht und Ordnung zu wahren entschlossen ist, sondern für ihre Bevölkerungen wirken und
ihnen den Frieden gewähren oder wiedergeben, dessen sie
bedürfen, um als kräftige Bevölkerung eines dadurch starken
Staates diesen zur völkerrechtlichen Action vollkräftig zu erhalten.

Umfassende und schwierige Aufgaben sind es, welche die
Staaten der Gegenwart zu erfüllen haben. Aufgaben, von
welchen Hugo Grotius, und selbst die Völkerrechtsautoren des
dem seinigen nachfolgenden Jahrhunderts, sich nichts haben
träumen lassen können. Rücksichtlich dieser und vieler Fragen, ja wol aller allgemeinerer und für die Staaten gemeinsamer Bedeutung muss das Staatsrecht möglichst gleichmässig
geübt und durch das Völkerrecht geschützt werden, denn mit
der Weiterentwickelung des Staatsrechts und der Verwicke-
lung der inneren staatlichen Verhältnisse, erwachsen auch
dem Völkerrecht immer neue Aufgaben, wenn es auch von
der Interventionspolitik sich ganz fern hält. Die Indifferenz
von Staaten gegenüber inneren Gefahren anderer Staaten,
weil diese zur Zeit sie noch nicht bedrohen, und die irrthüm-
liche Erwartung, dass sie von ihnen nicht werden heimge-
sucht werden, haben ein engherziges System eigensüchtiger
Politik entwickelt, das auf die Gefahren anderer Staaten nicht
achtet und deren inneren Rechtsfrieden bedroht sein lässt, ja
denjenigen, die dazu mitgewirkt, sogar noch eine Asylstätte
gewährt. Ein solches Verfahren ist einer Völkerrechtsgemeinschaft vollständig unwürdig, denn unmöglich können Staaten
einer Gemeinschaft der Störung des Rechtsfriedens eines
ihrer Glieder gleichgültig zusehen und ihre Territorien als
Vorbereitungsstätten für die dessenStörung bezweckendenHand-
lungen und als Zufluchtsort für diejenigen, welche solche
Handlungen vollführt, dienen lassen. Auch ist ein solches
Verhalten völkerrechtswidrig, denn die Staaten der
Gemeinschaft gewähren sich nicht blos die Existenz, sondern

auch die Rechtsverfolgung, es ist daher schon, und mit vollem
Rechte vorgekommen, dass flüchtige Ultramontane, insbesondere Geistliche, und flüchtige Socialdemokraten von Staaten
zurückgewiesen wurden und war solche Abweisung nur eine
Uebung der Völkerrechtspflicht und zugleich staatsrechtlicher
Selbstschutz, denn wer in dem einen Staate den Rechtsfrieden gestört hat, wird voraussichtlich in einem andern
nicht für den Frieden wirken. Ueberhaupt aber haben po-
litisch-religiöse und socialdemokratische Agitatoren noch
keinem Staate Heil gewirkt.

Die Verschiedenheiten der Bevölkerung sind endlich
rechtliche. Zwar haben die Glieder derselben als Staatsbürger gleiche Rechtsfähigkeit, aber dennoch herrscht in
manchen, ja in den meisten Staaten verschiedenes positives
Recht. Schon in frühester Zeit gewährten erobernde Staaten
den eroberten Theilen oder deren Bevölkerung den Fortgenuss ihres bisherigen Rechts. Den Eroberern war es meist
nur um Zuwachs von Gebiet und Erwerbung neuer steuer-
fähiger und kriegsdienstpflichtiger Bevölkerung zu thun, und
schien ihnen zur Erhaltung des Erworbenen ein äusserer
Machtverband genügend, welcher die neue Erwerbung mit
dem alten Besitz zusammenhielt. Das römische Recht verbreitete sich, seiner Durchbildung wegen, ohne Zwang in die
mannichfachsten Länder, entweder als Haupt-, meist aber als
Hülfsrecht. Das nationale Recht trat in unserer Zeit vielfach nur als Reaction gegen das fremde, römische Recht in
Geltung, aber die Codificationen der neueren Zeit ruhen dennoch
vielfach auf römischem Recht, wenn sie nicht dem Gewohnheitsrecht ihre Sätze entnommen haben. Verschiedene nationale Rechtsüberzeugungen traten sowol in Gesetzen als
Gewohnheiten in die Erscheinung. Fügten sich nun zu einem
Staate, sei es durch Eroberung, sei es durch freiwillige Unterwerfung, Völker mit anderem Recht und beliess der er-
werbende Staat sie im Fortgenuss desselben, so lebte dann
die Gesammtbevölkerung nach verschiedenem Recht. Diese
Verschiedenheit konnte nicht blos in Bezug auf das Privatrecht
Platz greifen, obgleich sie die häufigste ist, wenn auch von

geringerer Bedeutung, da doch im Gebiete des Privatrechts die modernen Völker wenig Neues und Eignes hervorgebracht haben, sondern sie meist nur das römische Recht modificirten, so dass eine durchgehende Verschiedenheit des Privatrechts in Culturstaaten gar nicht vorkommt. Die Verschiedenheit bezog sich auch auf das öffentliche Recht: Staats-, Criminalrecht und die Processe [20]), wenn auch diese die seltnere ist und namentlich in Bezug auf das Staatsrecht selten stattfindet, da die staatsrechtliche Einheit nicht blos rücksichtlich der Verfassungsform, wo sie ganz unumgänglich scheint, sondern auch rücksichtlich aller staatlichen Centralorgane gewahrt sein muss. Dass aber selbst eine staatsrechtliche Zwiespältigkeit in einem und demselben Staate möglich und wirklich ist, erweist uns das staatsrechtliche Verhältniss Ungarns zu Oesterreich, wo die Bevölkerungen nur für bestimmte gesammtstaatliche Interessen eine staatsrechtliche gemeinsame Berathung und Beschlussfassung in den österreichisch-ungarischen Delegationen haben. In anderen Staaten finden wir staatsrechtliche Verschiedenheiten geringerer Art, indem einzelnen, später erworbenen Theilen eines Gesammtstaates ein eigenes s. g. Ständerecht oder eigene, das heisst von ihnen selbst gewählte Verwaltungsorgane und Gerichte, welche dann auch nach eigenem Recht entscheiden, belassen sind wie in den Ostseeprovinzen des russischen Reichs [21]), oder die Verschiedenheit sich auf die Gemeindeordnungen beschränkt. Dagegen sind das Criminalrecht und der Criminalprocess sowie der Civilprocess fast in allen Staaten für alle ihre Theile dieselben oder nur vorübergehend, provisorisch andere. Verschiedenheit des Rechts überhaupt findet sich auch in ganz

---

[20]) Wir halten eine solche auf die Verschiedenheit der Rechtssubjecte begründete Classification der Rechtsdiciplinen für die allein haltbare, weil im Privatrecht der Einzelne, im Staats-, Criminalrecht und den Processen der Staat Rechtssubject ist.

[21]) S. hierüber meinen Artikel über die Ostseeprovinzen Russlands in Bluntschli's Staatswörterbuch 1865. Bd. IX. S. 20 ff. „Oeffentliches Recht (Staatsrecht)."

unzweifelhaften Einheitsstaaten, wie z. B. in Preussen und selbst in kleineren wie Bayern.

Solche Verschiedenheit des Rechts wahrt nun, wo sie eine historisch begründete ist und wo die Bevölkerung mit einem bestimmten eigenen Rechte gewachsen ist, besser den Rechtsfrieden und die durch ihn bedingte Festigkeit des Staates als eine durchgeführte Uniformität des Rechts, welche der besten Wurzel und Quelle der Verjüngung des Rechts: der nationalen Rechtsüberzeugung entbehren würde. Dass aber bei einer bestehenden Verschiedenheit nicht das unvollkommnere Recht, nur weil es das historische ist, neben dem vollkommneren erhalten werde und dass nicht durch die Verschiedenheit der Rechtsverkehr behindert werde, ist selbstverständlich gefordert. Wesshalb, trotz aller Verschiedenheit, das wesentlich als Verkehrsrecht sich documentirende Handels-, Wechsel- und Seerecht der Einerleiheit für einen und denselben Staat bedarf. Demgemäss haben auch die verschiedenen deutschen Staaten auf dem Gebiete des Privatrechts zuerst ein gemeinsames Wechselrecht, sodann ein gemeinschaftliches Handelsgesetzbuch, enthaltend das Handelsrecht im engeren Sinne und das Seerecht, erlangt, erst später ein gemeinschaftliches Strafgesetzbuch und stehen die Forderungen auf weitere Einheit im Privatrecht und den Processen noch aus, nicht blos, weil deren Befriedigung noch mannichfachen particularistischen Anstand findet, sondern weil auch in der That das Bedürfniss darnach nicht so allgemein empfunden ist. Dabei ist aber nicht zu übersehen, dass es sich hier um eine Rechtseinigung von fast nur Gliedern einer und derselben Nationalität handelt, dass die Forderung der Rechtseinheit also zugleich auch die nationale Einheit vollständig verwirklichen, nicht blos ein praktisches Bedürfniss befriedigen soll und ist bei den Doctrinairen der erstere Grund offenbar der vorwiegende.

Ebensowenig wie die Verschiedenheit der Nationalität, der Religion oder nur Confession, der politischen Parteien, ist die Verschiedenheit des Rechts dem Rechtsfrieden der Bevölkerung eines Staates hinderlich und wird häufig die Be-

wahrung dieser individuellen Verschiedenheiten, wo ihnen mit
Treue, Anhänglichkeit gewahrt ist, zugleich ein Unterpfand
für die Treue auch in der Bewahrung des staatlichen Zusammenhanges sein. Der Rechtsstaat kann solche Verschiedenheiten ertragen, denn er gewährt allen seinen Staatsbürgern,
trotz derselben, die Gleichberechtigung, und die Achtung dieser wahrt den Frieden der Bevölkerung, während deren Missachtung und Anfeindung, Agitationen und innere Fehden
wachrufen, welche die nationalverschiedenen Gruppen der
Bevölkerung immer mehr zerklüften und über ihre Streitigkeiten sie vergessen lassen, dass sie gemeinschaftliche Aufgaben im gemeinsamen Verbande zu lösen haben.

4. Die Obrigkeit.

Das dritte Hauptmoment des Staates, welches dessen
Festigkeit bedingt, ist — die Obrigkeit. Das Recht derselben ist beschrieben in der Verfassungsform. Ist diese
Form eine rechtlich gefestigte, so ist auch das Recht der
Obrigkeit feststehend. Ist aber entweder die Verfassung
noch unvollständig festgestellt oder unklar und mehrdeutig
oder wechseln Verfassungsgrundgesetze oder gar Verfassungsformen zu häufig, so macht auch das Recht der Obrigkeit
in concreto, wenn auch dasselbe in abstracto bestehen bleibt,
verschiedene Wandlungen durch, büsst durch die mangelnde
Stetigkeit an Festigkeit ein und schädigt dadurch den Staat,
denn wo giebt es einen festen Staat ohne feste Obrigkeit.
Die Obrigkeit ist das höchste Rechtsorgan im Staate,
sie vertritt das Recht des Staates entweder universell und
unmittelbar als höchste oder mittelbar und local durch mittlere
und unterste Organe, welchen sie ihr Recht zur Uebung de-
legirt. Jenes einheitlichen Rechtsorganismus in seinen drei
Rechtsabstufungen zur Verwirklichung des Rechts bedarf
jeder Rechtsstaat, und wenn auch nur in einer Art desselben
die erforderliche Festigkeit fehlt, kann das Recht nicht . genügend wirken. Die Obrigkeit hat aber nicht nur das Recht,

sondern sie trägt auch das Schwèrt. Sie soll es nicht um-
sonst tragen. Wenn sie auch Gnade üben darf, so darf sie
doch nicht auf Schwäche sich betreffen lassen. Herrschaft
des Rechts in einem Staate, heisst nicht blos Dasein, sondern
auch Durchführung des Rechts. Nur ein so im eigenen Gebiet herrschender Staat kann als Subject des Völkerrechts
seine Rechtspflichten gegen andere Staaten erfüllen. Die
eigene Rechtsverfolgung muss zwar an der Staatsgrenze aufhören, das Recht der Nacheile wird immer mehr obsolet, aber
der Rechtsstaat muss sie über dieselbe hinaus durch Beihülfe der jenseits herrschenden Staaten fortsetzen können.
Dazu werden Rechtsverfolgungsverträge, unter denen
bis jetzt die Auslieferungsverträge die häufigsten sind,
selbst von Staaten wie England, welche früher deren wenige
und sehr beschränkte abschlossen, immer häufiger geschlossen[22]), während die Rechtsunterstützung im Civilverfahren
vertragsmässig relativ seltener begründet ist. Wenn freilich
die Verpflichtung der Mitwirkung zur Weltrechtsordnung,
aus welcher wir schon früher auch die Auslieferungsverpflich-
tung abgeleitet haben, so wie die Beschränkung des Asylrechts[23]), von den Staaten allgemein anerkannt und geübt
würde, bedürfte es gar keiner Verträge, weder zur Unterstützung des Criminal- noch des Civilverfahrens. Indess
sind die Staaten dahin noch nicht gelangt und bleibt immer
die vertragsmässige Feststellung, zur Vermeidung aller Zweifel über die Art und Erstreckung der Verpflichtung, gefordert.

Die Festigkeit der Verfassungsform, durch welche auch
das feste Recht der Obrigkeit bedingt wird, ist aber in unserem Jahrhundert vielfach in Frage gestellt gewesen und in
einigen Staaten noch in Frage. Der ganze Westen Europa's, mit
Ausnahme des früher fertigen Englands, ist durch Verfassungs-
kämpfe erschüttert worden. Die constitutionelle Verfassung

---

[22]) Siehe meinen Artikel „Auslieferungsverträge" in Holtzendorff's
Encyclopädie. 2. Aufl. Bd. II.

[23]) Siehe meine Schrift: Das Asylrecht und die Auslieferung flüchtiger
Verbrecher. Dorpat 1853. S. 8 ff. und 139 ff.

hat sich überall, wo sie die herrschende Staatsform wurde, mit Mühe durchringen — und wiederum weichen müssen, wo die politischen Parteien sich unfähig zu ihrer Bewahrung bewiesen und das Streben nach ungebundener Freiheit zur Republik oder die verschlungenen inneren Wirren zur Dictatur führten. Dass nun Staaten, welche fortwährend im Innern zu organisiren hatten oder deren Kraft von inneren Kämpfen absorbirt wurde, nicht vollkräftig sein konnten zur Setzung und Durchsetzung des Völkerrechts, leuchtet ein. So möge denn auch hierin ein Grund und, wir meinen, kein leicht wiegender erblickt werden, dass allgemeinere völkerrechtliche Acte zur Feststellung einzelner Rechtsbestimmungen des Völkerrechts so selten, auch in unserem Jahrhundert, vorgekommen sind und dass die Pariser Seerechtsdeclaration immer und immer wieder als ein Beispiel dafür angeführt wird, dass solche Acte überhaupt möglich seien, während andererseits ihre Seltenheit für die Schwierigkeit ihres Zustandekommens spricht. Es setzt Das freilich keine grosse Arbeitskraft der Staaten auf dem Gebiete des Völkerrechts voraus, aber öfter fehlt ihnen wol die Geneigtheit. Die Staaten sind selten bereit, sich allgemein, d. h. allen oder auch nur vielen Staaten gegenüber völkerrechtlich zu binden, während es der Verträge einzelner Staaten mit einzelnen so zahlreiche giebt, dass sie nicht mehr zu übersehen sind und die Kenntniss selbst einer nur grösseren Zahl völkerrechtlicher Verträge nur sehr wenigen Personen eigen ist, was unter Anderm ein Vergleich der völkerrechtlichen Werke und Monographien nachweist, wo fast immer wieder die bereits von Anderen citirten Verträge wiederkehren.

Die Verschiedenheit der Verfassungsformen der Völkerrechtssubjecte kann aber durchaus nicht als ein Hinderniss der Völkerrechtsgemeinschaft der Staaten erkannt werden. Factisch sind auch Staaten aller Verfassungsformen mit einander zu jener Gemeinschaft verbunden und hat die Annahme einer neuen Verfassung für die Dauer nie einen Grund zur Lösung der Gemeinschaft dargeboten, wenn auch eine Gemeinschaft mit einem anarchischen Staate einzugehen, immer bedenklich erscheinen muss. Völkerrechtswidrig ist es aber, da das Völkerrecht die Rechtsordnung unter den Staaten aufrichten und das Recht zur Geltung bringen soll, die Anarchie durch irgend welche unbefugte Intervention oder Einmischung in die anarchischen Zustände noch zu steigern. Die Nichtintervention ist zwar wiederholt gegenüber Verfassungsänderungen eines Staates von anderen Staaten als leitendes Princip für ihr Verhalten verkündet, aber nicht gerade streng eingehalten worden. Und wenn auch die Staatsmacht an der Intervention sich nicht betheiligte, so duldete sie doch, dass ihre Staatsangehörigen sich den gewaltthätigen Actionen innerhalb des fremden Staates anschlossen, so z. B. die Garibaldischaaren im französisch-deutschen Kriege und die immer wieder von Neuem unternommenen Freibeuterzüge von Nordamerikanern nach Cuba und die Fremdenlegionen, welche sich wiederholt an Kriegen fremder Staaten wider einander betheiligten.

Auch die Verfassungswandlungen stehen unter dem Schutz des Völkerrechts, denn in einer Verfassungsänderung, wenn sie in regelrechter Weise sich vollzieht von den dazu berechtigten Organen, drückt sich das Recht eines Staates auf Selbstständigkeit oder Unabhängigkeit aus und dieses ist ein durch das Völkerrecht den Staaten gewährleistetes Grundrecht. Andererseits haben die durch Interventionen fremder Staaten wieder stabilisirten Verfassungszustände sich meist unhaltbar erwiesen. Ein Staat, der nicht aus eigener Kraft seinen Verfassungszustand feststellen kann, sondern dazu der Beihülfe einer fremden bedarf, fällt in seine früheren Schwächezustände bald wieder zurück, in der Regel, nachdem die fremde Macht sein Gebiet geräumt. Innere anarchische Zustände werden aber vorübergehend unsichtbar und innere Kämpfe durch vorübergehende Waffenstillstände unterbrochen, wenn ein gemeinsamer äusserer Feind zu bekämpfen ist. Hat dieser äussere Kampf aber aufgehört, dann treten wieder die anarchischen Zustände hervor und entbrennen wieder die inneren Kämpfe.

5. Die Wirkungen der Zustände der Staaten auf ihre Stellung in der völkerrechtlichen Gemeinschaft.

Das Ergebniss der vorstehenden Betrachtung ist, dass selbst der Wechsel des Territoriums, bestehende nationale, religiöse, politische und rechtliche Verschiedenheiten der Bevölkerung und Verschiedenheit der Verfassungsform sowie Verfassungswechsel und ebenso auch gegen die innere Ordnung gerichtete ultramontane und socialdemokratische Agitationen, wenn sie auch die Einheit und Festigkeit des Staates erschweren und bedrohen, doch die Fähigkeit des Staates zur Wirkung nach Aussen nicht aufheben; dass aber freilich die aus den internationalen Gesammtwirkungen erzeugten internationalen Rechtsbildungen ganz andere sein würden und sein müssten, wenn nicht die inneren Gestaltungen des Staates so sehr die meisten Staaten in Anspruch genommen hätten, dass sie den äusseren Beziehungen nur die nothwendigste Aufmerksamkeit hätten zuwenden können, und ihnen zur Fortbildung des Völkerrechts die allseitige unausgesetzte, ungestörte Antheilnahme der Staaten gefehlt hätte, ohne welche ein allgemeines, fortwährender Entwickelung bedürftiges Recht nicht zum Abschluss gelangen kann. Meist hat es an der Kraft und Neigung zur Initiative zu weiterreichenden internationalen Rechtsinstituten und Sätzen gemangelt und ist daher auch Vieles nicht in's Leben getreten, dessen die internationale Rechtsgemeinschaft unserer Zeit schon längst bedürftig gewesen wäre. Aber nicht blos die unfertigen inneren Zustände der Staaten haben eine reichere Entwickelung des Völkerrechts behindert, sondern auch der häufige Wechsel der Principien, welche die Staaten in ihren rechtlichen Beziehungen anwandten und vor allem der mangelnde feste Wille, das Recht zur Geltung kommen zu lassen und diesem vor dem augenblicklich als zweckmässig erscheinenden den Vorzug zu geben.

Wenn aber die Staatsregierungen wenig die Entwickelung allgemein verbindlicher Sätze des Völkerrechts förderten, wenn sie mehr das Sonderinteresse als das Gemeinschaftsinteresse vorwalten liessen, so handelten sie doch dabei meist im Sinne ihrer Bevölkerung, welche ja durch die Staatsregierung nur vertreten wird. Denn jede Staatsregierung giebt immer mehr oder weniger in ihren rechtlichen Handlungen sowol als Unterlassungen nach Aussen, sowie im Innern, Ausdruck sowol der Entwicklungsstufe als auch den Anschauungen und dem rechtlichen Wollen ihrer Bevölkerung. Sowol der Bevölkerung Englands als der der Vereinigten Staaten von Nordamerika war das anglo-amerikanische Sonderseerecht ganz zusagend und ist England erst durch den mit Frankreich in Gemeinschaft geführten orientalischen Krieg zu einer mehr die Gleichberechtigung und weniger dem Verlangen nach Ausübung einer Seeherrschaft huldigenden Auffassung in Bezug auf die Neutralen gelangt. Dennoch hat England wegen Nichtbeobachtung der Neutralitätsgesetze wenige Jahre darauf den Vereinigten Staaten von Nordamerika eine schwere Busse erlegen müssen und haben die Vereinigten Staaten ruhig während des französisch-deutschen Krieges geschehen lassen, dass ihre Staatsbürger umfassende Waffenlieferungen für Frankreich verschifften, was nicht minder eine Verletzung der Neutralitätsgesetze [24]) war. Und wesshalb traten die Vereinigten Staaten nicht der Pariser Seerechtsdeclaration bei? Weil sie, im Sinne der nordamerikanischen Bevölkerung, England wesentlich dazu veranlassen wollten, die für ihren Zutritt gestellte Bedingung der Freiheit des Privateigenthums auch zur See zu erfüllen. Wesshalb war England wider die Bedingung? Weil es im Geiste seiner Bevölkerung dabei handelte. Denn wie hätte die englische Staatsregierung dawider sein können, wenn die Bevölkerung Englands dafür gewesen wäre?

Zu diesen Sondergründen für die genannten Staaten müssen wir aber leider einen Grund fügen, der für die Bevölkerungen aller Staaten in gleichem Maasse gilt. Wir

---

[24]) Siehe meinen Artikel über die „Neutralitätsgesetze" l. c. Wir wissen wol, dass nach der herrschenden Ansicht, erst durch die geschehene Zufuhr die Verletzung constatirt ist, ist diese denn aber im oben angeführten Fall nicht erfolgt und war sie etwa nicht beabsichtigt?

meinen die Indifferenz derselben gegenüber dem Völkerrecht
als allgemein verbindlicher Norm für die internationalen Beziehungen überhaupt. Wir erheben hiermit keinen Vorwurf,
wir constatiren nur eine Thatsache. Zwar ist diese Indifferenz geursacht durch die mangelnde Erkenntniss der Wichtigkeit des Völkerrechts für jeden Einzelnen und jeden Staat
und durch eine weit verbreitete Unkenntniss der einzelnen
Satzungen des Völkerrechts, aber selbst wo die Erkenntniss
und Kenntniss nicht mangeln, wurzelt die Indifferenz doch
tief und wird erhalten durch den staatlichen Sondergeist, der
zunächst nur auf sein Recht sieht und in weiter Ferne erst
ein Recht der Gemeinschaft, zu dessen Verwirklichung im
vollen Umfange kein Staat noch den besonderen Beruf in
sich fühlt, sondern sie dem Gange der Ereignisse überlässt.
Selbst die allgemeinen völkerrechtlichen Congresse haben
doch immer nur den Bedürfnissen des Augenblicks Rechnung
getragen, haben in der Regel nur territoriale und Herrschafts-
rechte festgestellt, aber von dem allgemeinen Rechte, das
sie nicht blos für Einzelfälle, sondern für alle Fälle hätten
aufrichten können, war selten die Rede, wie Solches noch
jüngst in einer „die völkerrechtliche Bedeutung der Congresse" behandelnden Studie [25]) dargelegt ist. Man überblicke
daselbst was die Congresse in Betreff des materiellen und
formellen Völkerrechts geleistet und die angefügte Schluss-
betrachtung. Von allgemeinen Bestimmungen führt der Verfasser an die Bestimmungen des westphälischen Congresses
über Religions- und Gewissensfreiheit, des Wiener über die
Aufhebung des Sklavenhandels und die Freiheit der Flussschifffahrt, und des Utrechter und Pariser Congresses über
die Freiheit des Handels der Neutralen, und gedenkt auch
des Vorschlages zu einer friedlichen Ausgleichung internationaler Streitigkeiten. Wie weit aber die Pflege der internationalen Gemeinschaft gediehen, können wir einer früheren Schrift desselben Verfassers [26]) entnehmen, wozu aus der

---

[25]) Witold Załeski. Dorpat 1874.
[26]) Witold Załeski, Zur Geschichte und Lehre der internationalen Gemeinschaft. Dorpat 1866.

späteren Zeit, nach dem Erscheinen der Schrift, nicht gar zu viel hinzuzufügen wäre. Der Verfasser prüft das Verhältniss der Staaten in Bezug auf die Gesetzgebung, die Justizhoheit, die Polizeihoheit, die Culturhoheit und führt dabei die bezüglichen Verträge, Congresse und Institutionen an. Lässt sich nun auch nicht verkennen, dass alle diese Resultate dem Völkerrechte, dem Rechte der Gemeinschaft zu gute kommen, so ist doch einerseits rücksichtlich weniger eine allgemeine Rechtsverpflichtung anerkannt, indem sie vielfach nur beruhen auf Verträgen einiger Staaten, und ist andererseits damit der Stoff zu einem umfassenden Völkerrecht nur unvollständig erbracht. Dessenunerachtet ist mit den wenigen allgemeinen Festsetzungen die Bahn zu weiteren eröffnet und können die Sonderverträge zu allgemeineren werden.

Die Praxis der Staaten ist daher zu Gunsten des Völkerrechts nicht unthätig gewesen und zwar in einem Jahrhundert, das mit der inneren Organisation der Staaten vollauf zu thun hatte und in welchem innere Kämpfe und Fehden und gewaltige äussere Kriege die Staaten erschütterten, ihre Kraft und Zeit beanspruchten und ausser den Verfassungs- und Verwaltungsfragen, neue gesellschaftliche Fragen gebieterisch Lösung forderten. Dass aber dessenunerachtet mehr für die Entwickelung des Völkerrechts hätte geschehen können, wenn die Bevölkerungen eigenes Interesse derselben zugewandt und nicht alles von ihren Regierungen erwartet, ist ebenso unzweifelhaft als dass der Wechsel der Principien, deren Betrachtung wir uns jetzt zuwenden wollen, die Entwickelung des Völkerrechts verzögert und das Völkerrecht selbst in Missachtung gebracht.

II. Die Principien der internationalen Praxis.

Drei Principien sind vorwaltend in der internationalen Praxis hervorgetreten : das des politischen Gleichgewichts, das Legitimitäts- und Nationalitätsprincip. Alle drei sind als politische Principien zu bezeichnen und steht ihnen gegenüber das internationale Rechtsprincip, das sich zur alleinigen Geltung erst durchringen muss.

1. Das Princip des politischen Gleichgewichts.

Das Princip oder gewöhnlicher das System des politischen Gleichgewichts wurde zunächst [27]) von den italiänischen Staaten angewandt zur Erhaltung der Machtverhältnisse eines jeden derselben und zur Vermeidung der Vergrösserung der Macht des einen Staates auf Kosten des anderen. Gegenüber der Invasion Karl d. VIII. von Frankreich suchten die Italiäner die europäischen Mächte zu einer allgemeinen Anwendung des Systems zu veranlassen [28]). Vom sechszehnten Jahrhundert an kam dasselbe immer häufiger in Uebung. Wenn Phillimore [29]) sagt, dass alle Hauptverträge zur Hauptaufgabe die Bewahrung des Gleichgewichts gehabt und die beweisenden Thatsachen in fünf Perioden vertheilt und zwar 1) vom

---

[27]) Die Zurückführung des Princips des politischen Gleichgewichts auf eine frühere Zeit scheint gewagt. Der Grundgedanke: Sicherung gegen Uebermacht ist ein einfacher, aber die moderne Lehre steht desshalb noch nicht in Verbindung mit einer ähnlichen des Demosthenes oder Polybius. Siehe übrigens Bernard, four lectures on subjects connected with diplomacy. London 1868. 69.

[28]) Wheaton, histoire des progrès du droit des gens. 3. éd. 1853. I. 110.

[29]) Commentaries upon international law. London 1871. 2. ed. I. 483.

Utrechter Vertrage bis zum Ausbruch der französischen Revolution (1713—1789), 2) von der französischen Revolution bis zum Wiener Vertrage (1789—1815), 3) vom Vertrage zu Wien bis zum Pariser (1815—1856), 4) vom Pariser bis zum Prager Vertrage (1856—1866), 5) vom Prager Vertrage bis zur Gegenwart, so ist doch der Zweck der Erhaltung und Herstellung des Gleichgewichts nicht immer ausdrücklich ausgesprochen und fehlt bei einigen wichtigeren Verträgen ganz. Ausdrücklich wurde der Utrechter Friede am $^2/_{13}$ Juli 1713 zwischen England und Spanien abgeschlossen ad firmandam stabiliendamque pacem ac tranquillitatem Christiani orbis, justo potentiae aequilibrio (quod optimum et maxime solidum mutuae amicitiae et duraturae undiquaque concordiae fundamentum est)[30]; auch die Allianceverträge von 1813 zwischen Oesterreich und Russland, Preussen und Oesterreich, England und Oesterreich, Oesterreich und Bayern und vom 11. Januar 1814 zwischen Oesterreich und Neapel[31] sprechen sämmtlich als ihren Zweck die Herstellung eines Gleichgewichts aus, wogegen in der Pariser Convention vom 23. April 1814 (introitus) die alliirten Mächte zwar ihre Absicht aussprechen, die Ruhe Europa's zu begründen „sur une juste répartition des forces entre les états qui la composent", sich aber des Ausdrucks „Gleichgewicht" nicht bedienen. Im Pariser Friedensvertrage vom 30. Mai 1814 wird (Art. II) nur die Absicht der Contrahenten ausgesprochen, nicht nur unter ihnen, sondern auch unter allen Staaten Europa's zu erhalten la bonne harmonie et intelligence si nécessaires à son repos[32]. Der introitus der Wiener Schlussacte ist geschäftsmässig; nur in den Annexen ist vom Gleichgewicht die Rede, namentlich in der deutschen Bundesacte (ann. 9) und im Vertrage zwischen Oesterreich und den Niederlanden (ann. 10). Im Aachener Protocoll vom 15. November 1818 ist nur ganz allgemein von einem „Sy-

---

[30]) Schmauss, corp. iur. gent. acad. II. 1419.
[31]) Martens N. R. I. 596. 600. 607. 610. 660.
[32]) Ch. de Martens et de Cussy, rec. d. trait. III. 8 ff.

stem" die Rede, das Europa den Frieden gegeben habe (Pct. 3)
und allein die Fortdauer desselben verbürgen könne, in der
dem Protocoll angefügten Declaration von einem politischen
System, das dem Friedenswerk seine Dauer verbürgen soll,
dagegen wird als Grundlage des Bundes unter ihnen der
Entschluss anerkannt, nie von der strengsten Befolgung der
Grundsätze des Völkerrechts abzugehen [33]). Dagegen
ist auf der Londoner Conferenz zur Trennung Belgiens von
Holland im Protocoll vom 19. Februar 1831 auf die Existenz
eines „juste équilibre" in Europa ausdrücklich Bezug genommen. Es wird dasselbe zunächst als Grund zur geschehenen Vereinigung Belgiens mit Holland bezeichnet, sodann
aber als Pflicht der Mächte hervorgehoben, zu verhindern,
dass die unabhängig gewordenen belgischen Provinzen „nicht
die allgemeine Sicherheit und das europäische Gleichgewicht" bedrohen [34]). In den Londoner Conferenzprotocollen
im Jahre 1850 wird wiederholt, am 4. Juli und 2. August,
die Integrität Dänemarks im Interesse des Europäischen
Gleichgewichts. gefordert [35]). 1851 protestirten Frankreich
gegenüber den Mächten des Wiener Congresses, England
gegenüber dem deutschen Bunde gegen die Incorporation
österreichischer Provinzen in den deutschen Bund, damit
nicht das allgemeine Gleichgewicht gestört werde [36]). Im
Vertrage zwischen England, Frankreich und der Pforte vom
12. März 1854 wurde der Bestand der Türkei innerhalb ihrer
gegenwärtigen Grenzen als von grosser Wichtigkeit für das
europäische Gleichgewicht erklärt [37]). In der Conferenz zu
Wien (Protocoll vom 21. April 1855) ist sowol bei den Verhandlungen über die Integrität der Türkei als über die Neutralisation des schwarzen Meeres auf das europäische Gleichgewicht Bezug genommen [38]), wogegen der Pariser Vertrag

---

[33]) Martens N. R. IV. 554 ff. 560 ff.
[34]) Martens N. R. X. 197 ff.
[35]) Martens N. R. G. XVII. 2. pag. 304 und 306.
[36]) Phillimore I. 501.
[37]) Martens N. R. G. XV. 565. introit.
[38]) Martens N. R. G. XV. 676 ff.

vom 30. März 1856 keine Bezugnahme auf das politische
Gleichgewicht enthält. Am 21. November 1855 wurde in
einem Vertrage zwischen Frankreich, England, Schweden und
Norwegen (introit.) um einer Störung des europäischen
Gleichgewichts zu begegnen eine Verständigung zur
Sicherung der Unabhängigkeit Schwedens und Norwegens
vereinbart [39]). 1860 remonstrirte England gegen die Annexion Savoyens und Nizza's durch Frankreich unter Berufung auf das Gleichgewicht [40]).

Die wiederholte Berufung auf das Gleichgewicht vom
Utrechter Frieden an ist, wie sich aus den vorstehend angeführten Acten ergiebt, ausser allem Zweifel, in der Verthei-
digung desselben und im Angriffe gegen dasselbe haben aber die
Staaten oft die Rollen gewechselt. Sie bedienten sich des
politischen Mittels, welchem sie mitunter durch das Eigen-
schaftswort „juste", das sowol verhältnissmässig als gerecht
bedeutet, einen juridischen Charakter beizulegen trachteten,
aus politischen Gründen und verwarfen dasselbe aus gleichen
Gründen. Es war immer mehr Mittel als Zweck. In der
Literatur hat das System sowol Anhänger als Gegner. Heffter tritt in seinem Völkerrecht [41]) energisch für dasselbe ein, er
vindicirt demselbem den Schutz des Völkerrechts, obgleich er
zugiebt, dass ein materielles Gleichgewicht geschichtlich selten oder nie existirt habe. Ferner misst
er der Idee des sogenannten politischen Gleichgewichts eine
Reaction zu gegen eine, jeden Grundsatz des Rechts materiell
verleugnende, Politik und hebt hervor, dass seit dem sechszehnten Jahrhundert die practische Durchführung dieses Ge-
dankens die Hauptaufgabe der europäischen Politik geworden, wobei freilich das Recht der Nationen und Staaten in den Hintergrund getreten sei. Trotz Hugo Grotius'
Werk sei es nicht gelungen, das Recht auf den Thron zu
erheben, welchen die Politik eingenommen hatte, diese habe
das wissenschaftliche Recht mehr zur Färbung ihrer An-

---

[39]) l. c. 628 ff.

[40]) Phillimore l. c. 505 ff.

[41]) Vierte Ausgabe §. 5 u. 6.

sprüche benutzt, als sich demselben untergeordnet. Völkerrecht und Gleichgewicht seien dem Waldstrom der Revolution
erlegen und dem von ihr gegründeten Kaiserthum, während
durch die Verträge von 1814 und 1815 ein politisches Gleichgewicht unter den Landmächten wieder möglich gemacht
worden. Schliesslich erklärt Heffter für eine unentbehrliche
Voraussezung der zunehmenden Festigkeit des gemeinsamen
Rechts, welches ohne absolute Sicherheit der Anwendung sei,
ein bleibendes Gleichgewicht der Staaten, beruhend
auf consolidirter Nationalkraft und gegenseitiger Achtung,
nicht blos zu Lande, sondern auch zur See. Ein solches
Gleichgewicht sei indess noch nicht gewonnen
und habe ohne Zweifel noch manche Schwankungen der
Staatengestaltung und politischen Machtstellung zu bestehen.

Das Ergebniss dieser Entwickelung ist, dass dem politischen
Gleichgewicht eine politische Idee zum Grunde liegt, dass
das gewünschte materielle Gleichgewicht bisher nicht zu
Stande gekommen und dass es dennoch das Völkerrecht
stützen soll. Somit wird die Sicherheit der Anwendung
eines Rechts von einer politischen Idee abhängig gemacht
und soll ein zur Geltung berufenes Rechtssystem durch ein
nicht zu Stande gekommenes politisches System gestützt
werden.

Auch Bluntschli hat in seinem Rechtsbuch des modernen
Völkerrechts [42]) unter der Rubrik „Staatensystem" dem Gleichgewicht einige Artikel (95—100) gewidmet. Er fordert zwar
nicht Gleichheit der Staaten an Umfang des Gebietes, Volks-
zahl und Macht und hält es auch nicht für ein völkerrechtliches Gesetz, dass die Erweiterung eines Staatsgebietes einen
anderen, vielleicht rivalen Staat berechtige, auch seinerseits
eine Vergrösserung zu erlangen, dagegen bezeichnet er als
das wahre Gleichgewicht das friedliche Nebeneinanderbestehen
der Staaten und erklärt im Falle der Unverhältnissmässig-
keit des Uebergewichts eines Staates, so dass die Sicherheit
und Freiheit der Staaten daneben nicht mehr fortbestehen

---

[42]) 1868 I. Ausgabe.

könne, nicht nur die zunächst gefährdeten schwächeren Staaten, sondern auch die übrigen ungefährdeten veranlasst und berechtigt, das Gleichgewicht herzustellen und für ausreichenden Schutz desselben zu sorgen. Sowol eine erstrebte Universalherrschaft als auch die theilweise Uebermacht eines Staates könnten aber das Gleichgewicht eines Staates gefährden. — Darnach wird also ein materielles unverändertes Gleichgewicht nicht gefordert, aber beim Eintritt gewisser Umstände die Berechtigung der Staaten zur Herstellung des Gleichgewichts anerkannt.

Phillimore hat das Recht dritter Staaten, über die Bewahrung des europäischen Gleichgewichts unter den bestehenden Staaten zu wachen, als eine Beschränkung des allgemeinen Princips des Interventionsrechts aufgefasst (I. 481). Er giebt zu, das die Bewahrung des Gleichgewichts als Vorwand und Entschuldigung gedient habe (I. 489) und schliesst mit den Worten (I. 510), dass zu jener Bewahrung nicht erforderlich sei, das alle bestehenden Staaten ihre derzeitigen Besitzungen behielten, sondern dass nur kein Staat diese so erweitern dürfe, dass ihr Bestand die Freiheit anderer Staaten bedrohe.

Ein alter Praktiker: v. Gagern [43]) nennt in seinen Aphorismen das Gleichgewicht Gegensatz des Uebergewichts, die Fähigkeit zum Widerstand und zur Vergeltung, erklärt aber, dass unter allen Fragen und Problemen das allerschwerste sei: „Wann eine Nation berechtigt sei, sich dem Wachsthum der anderen zu widersetzen — weil es ihr Nachtheil und Gefahr bringt, — weil jenes Gleichgewicht zu arg gestört oder bedroht wird". Dessenunerachtet ist v. Gagern für das Gleichgewicht und führt gegen die Gegner aus: „Nichts ist seichter, verwirrter, absurder, unmännlicher als der Tadel, die Verhöhnung, das Verleugnen eines solchen Gleichgewichts und seiner Prämissen, Elemente und Erfordernisse!"

Indess hält schon Hugo Grotius (d. iur. bell. ac. pac. Lib. II. I. XVII. es für unerträglich, „wenn einige behaupten,

---

[43]) Crit. d. Völkerrechts (1840) S. 80 ff.

dass nach Völkerrecht die Waffen mit Recht ergriffen würden,
um eine anwachsende Macht zu mindern [44]), weil sie, zu
stark geworden, schaden könnte", erklärt es für durchaus un-
billig, „dass die Möglichkeit, Gewalt zu erleiden, ein Recht
gebe, Gewalt zuzufügen", und versichert, „dass eine vollständige Sicherheit niemals gewährt werden könne und dass
die Gegenmittel gegen ungewisse Besorgnisse nicht bei der
Gewalt zu suchen seien. Auch Wolff (§ 646) hält die Bewahrung des Gleichgewichts unter den Völkern nicht für
einen rechtlichen Kriegsgrund. Klueber [45]) nennt das
politische Gleichgewicht eine unbestimmte Idee, unter
angeblichem Einfluss der Convenienz. Es habe nicht die
Natur einer völkerrechtlichen Entscheidungsquelle und sei
nur vermeintliches System, welches ohne Verträge
keinen völkerrechtlichen Grund habe, indess sei jede Macht
befugt, sich jedem ungerechten Streben nach Oberherrschaft, Vergrösserung, Uebermacht oder Universal-Monarchie
zu widersetzen. Nach Oppenheim [46]) hatte das europäische
Gleichgewichtssystem kein absolutes Princip, kein festes Ziel
in sich und sei sein eigentliches Wesen ein ewiges Schwanken,
ein wechselseitiges Sichaufgeben gewesen. Ueber das Provi-
sorium komme das Gleichgewichtssystem seiner Natur nach
nicht heraus und habe dieses sog. System wenigstens eben
so viele Kriege hervorgerufen, als es abwenden sollte.
Brockhaus [47]) constatirt, dass sich das europäische Gleichgewicht als ein unsicheres Schutzmittel des früheren Staaten-
systems herausgestellt habe (S. 20), dass der Begriff desselben
stets ein ausserordentlich schwankender gewesen und der
Kraft wie der Schwäche zu jeder Zeit die Gründe und
Gegengründe bei der Veränderung des europäischen Staaten-

---

[44]) Aehnlich spricht sich auch Halleck (elements of international law.
Philadelphia, 1866 S. 147) aus, indem er meint, dass das blosse Anwachsen
der Macht des Nachbarstaates kein gerechter Grund zum Kriege sei, sondern auch eine wirkliche Absicht zu schädigen, vorliegen müsse.

[45]) Völkerrecht 2. Aufl. 1851, S. 7.

[46]) System d. Völkerrechts 2. Aufl. 1866, S. 27, 30, 223.

[47]) Das Legitimitätsprincip, 1868.

systems geliefert habe (S. 12 ff.). Mamiani [48]) nennt das politische Gleichgewicht ein seltsames europäisches Gebilde, das
immer von den Mächtigeren zu ihrem Vortheil ausgebeutet
worden sei; Ganesco [49]) behauptet, dass das Gleichgewicht
nie bestanden habe und dass, wenn das Wort in den Protokollen oder den Schriften einiger Publicisten vorgekommen,
man sich nur mechanisch desselben bedient habe, ohne sich
von der Bedeutung desselben Rechenschaft zu geben, oder
dass dabei wenigstens Jeder es in seiner Weise verstanden
und gemäss den Convenienzen seines persönlichen Interesses.
Bernard (l. c. 97) endlich nennt das politische Gleichgewicht
eine Phrase, deren fortwährender Gebrauch in Verträgen
und Manifesten einige Schriftsteller dazu verleitet habe, es für
ein Princip des positiven Völkerrechts zu halten.

Wir schliessen mit der Anführung der verschiedenen Ansichten ab. Es leuchtet wol ein, dass das System des politischen Gleichgewichts, selbst nach den Aussprüchen seiner
Anhänger, an Unbeständigkeit nichts zu wünschen übrig lässt,
Vor Allem wird es auch von ihnen nicht als ein feststehendes,
sondern nur als ein veränderliches aufgefasst und erwiesen
und wiederholte Correctur desselben für nöthig gehalten. So
lange nun die Staaten und zwar zunächst die betheiligten
der Correctur zustimmen, ist ja die Veränderung friedlich
durchführbar, wenn sie sich aber widersetzen und die anderen
Staaten doch ihren Willen durchzuführen für nöthig halten,
muss eine Intervention stattfinden, wie denn auch Phillimore
sehr sachgemäss Gleichgewicht und Intervention mit einander
behandelt, was indess schon der Utrechter Frieden that (Wheaton,
hist. I. 127). Die Correctur muss eintreten, wenn die Sicherheit anderer Staaten durch die Uebermacht eines Staates bedroht ist und darüber, wann dieses Stadium eingetreten,
haben die anderen Staaten, die wol nicht immer uninteressirt
und daher nicht unparteiisch sein werden, zu entscheiden.
Jedenfalls ist also durch das Gleichgewicht die Intervention in

[48]) Bei Pierantoni, Gesch. der italienischen Völkerrechtsliteratur, in's
Deutsche übersetzt von Leone Roncali, Wien 1872, S. 139.
    [49]) Diplomatie et nationalité. Paris 1856, S. 16 ff.

Activität gesetzt, ein Institut, gegen welches sich Theorie und
Praxis wiederholt und immer mehr aussprechen. Granville
Stapleton [50]) spricht wol die heute vorherrschende Ansicht
aus, wenn er jedem Staat das Recht einer gewaltsamen Intervention (Forcibly to interfere [51]) in die inneren Angelegenheiten eines anderen abspricht, es sei denn dass ein Kriegs -
fall vorliege. Denn, sagt er, wenn jeder mächtige Staat ein
Recht haben sollte, nach seinem Belieben in die inneren Angelegenheiten seines schwächeren Nachbarn gewaltthätig ein-
zugreifen, so könne kein schwacher Staat wahrhaft unabhängig sein. So gefährdet also die Intervention die Unabhängigkeit der Staaten und muss doch zur Durchführung des
politischen Gleichgewichts, welches ja auch zur Erhaltung
der Unabhängigkeit der schwächeren Staaten gegründet sein
soll, geübt werden. Treffend bezeichnet daher Oppenheim
(l. c.) die Intervention als die Waffe des Gleichgewichtssystems.

Uns erscheint das System des politischen Gleichgewichts
als unerfindlich und daher die demselben zu Grunde liegende
Idee als eine unpraktische. So natürlich der Wunsch ist,
der Uebermacht einzelner Staaten zu wehren, so ist doch
dazu ein politisches System noch weniger ausreichend, wenn das
Recht selbst dazu nicht als stark genug sich erwies. Wir
halten es für eine Herabsetzung des Völkerrechts, wenn
es durch ein politisches Mittel gestützt werden soll. Die
Sicherheit der Staaten ist durch die Grundrechte des Völkerrechts geschützt: die Rechte der Existenz, Unabhängigkeit
und Gleichheit. Die Einheit des Systems bedingt Einheit

---

[50]) Intervention and non intervention, London 1866.

[51]) Stapleton bezeichnet S. 10. als den gewöhnlicheren und dem eigent-
lichem Sinn mehr entsprechenden Gebrauch des Wortes: „intervention"
die Einmischung (interference) in die inneren Angelegenheiten einer
anderen Nation, als den neueren aber weniger genauen die Einmischung in
die Streitigkeiten unabhängiger Nationen und meint mit Recht, dass nur
die erstere zu verbieten sei. Indess spricht er sich auch für die erstere
aus (S. 14), wenn der Zustand der inneren Angelegenheiten eines anderen
Staates zur Ursache wird einer „external injury of sufficient gravity to jus-
tify war upon the State inflicting it".

des Princips, ein politisches System und ein politisches Princip gehören beide nicht in das Rechtssystem des Völkerrechts. Das politische Gleichgewicht ist nur eine Doctrin der äusseren Politik, nicht des Rechts. Auch v. Kaltenborn (Krit. d. Völkerr. S. 193) erklärt, dass das Gleichgewicht mehr eine äussere Hülfe, ein Präparatorium zum Völkerrecht sei, nemlich so lange das Recht noch nicht zur wahren Herrschaft gelangt sei, aber nie ein Princip, nicht ein Mal ein Institut des Völkerrechts selbst und verweist daher (S. 205) die Lehre vom politischen Gleichgewicht in die politische Klugheitslehre. Wir können nur bedauern, wenn das Völkerrecht durch Hineinnahme eines politischen Systems oder besser, Mittels discreditirt wird.

Die Thatsache, dass auf das Gleichgewicht actenmässig Berufungen stattgefunden haben, haben wir selbst mit verschiedenen Beweisstücken belegt. Dass diese Berufungen in sehr verschiedener Absicht und sehr verschiedenem Sinne stattgefunden, wird wol die Wahrheitsliebe nicht bestreiten. In rechtlichen Verhältnissen indess sollten Rechtsstaaten an Provocationen auf das Recht sich genügen lassen und wenn dieses ihnen nicht voll zur Seite steht, schweigen. Ein solches durch die Achtung des Rechts bedingtes Verhalten der Staaten würde die Sicherheit und den Frieden der Staaten besser verbürgen als das sog. System des politischen Gleichgewichts, das durch blosse und wenn auch häufige Berufungen auf dasselbe noch nicht zur Wahrheit geworden, das trotz derselben weder theoretisch je ausreichend construirt wurde noch praktisch häufig mehr als eine Phrase zum Schein einer uneigennützigen Politik war.

Und was ist denn endlich von der durch den Wiener Congress zu realisirenden juste répartition des forces geblieben? Welche veränderte Machtverhältnisse bieten uns zunächst vier Hauptstaaten: das trotzdem wieder zu einem Reich und ohne Oesterreich, den letzten Träger des alten deutschen Reichs, vereinigte Deutschland; das trotzdem einheitliche Italien; das trotzdem in seinem Machtbestande besträchtlich geminderte Oesterreich und das theilweise durch die italiänischen Erwerbungen gemehrte, theilweise am Elsass und Lothringen geminderte Frankreich. Von Staaten zweiten Ranges sind aber Dänemark und Holland nahe zu um die Hälfte ihres Machtbestandes verringert worden und säumt Preussen noch immer Dänemark seinen Antheil an Schleswig zu restituiren. Geschah das Alles und manches andere im Interesse und zu Ehren des politischen Gleichgewichts? So wie es bisher nie gelungen und nie gelingen wird, ein perpetuum mobile herzustellen, so wird auch nie eine Combination gefunden werden, welche ein wahres Gleichgewicht herstellt. Es wird immer mächtigere und minder mächtige Staaten geben, welche nicht nach einem gemachten oder decretirten System, sondern nach ihren natürlichen Interessen mit oder wider einander sein werden. Was aber gefordert werden kann, ist, dass sie einem gemeinsamen Recht sich unterordnen.

2. Das Legitimitätsprincip.

Jünger, in der Praxis seltener angewandt und von der Theorie weit weniger, eigentlich erst durch Brockhaus in der citirten Schrift eingehender berücksichtigt, ist das Legitimitätsprincip.

„Die Legitimitätstheorie war die natürliche Folge der langen Revolutions- und Kriegsperiode, welche durch den ersten Pariser Frieden ihren vorläufigen Abschluss erhielt, während auf dem Wiener Congress erst der neuen Ordnung das Grundgesetz gewiesen werden sollte. Die neue Ordnung sollte aber in Wahrheit die Wiederherstellung der alten sein. Talleyrand forderte die Wiederherstellung und fortdauernde Geltung der in langer historischer Entwicklung gewordenen, der überkommenen Staaten und Dynastien. Er forderte nicht blos, dass die auf dem Wiener Congress vertretenen Mächte das Legitimitätsprincip als die Basis der Neuordnung Europa's anerkennen und jede demselben widersprechende Anforderung schlechthin verwerfen sollten, sondern er verlangte, dass die europäischen Mächte

eine förmliche Garantie für diejenigen Grundsätze übernehmen
sollten, welche vor der Revolution das öffentliche Recht in
Europa beherrscht hatten und vom Wiener Congress an wieder
beherrschen sollten [52]". Indess hat Brockhaus (S. 24 ff.) richtig
dagegen eingewandt, dass alle Vortheile des Legitimitätsprincips durch den Preis aufgewogen wurden, um welchen
die Herrschaft allein erkauft werden konnte: die Unabänderlichkeit der auf Grund desselben errichteten Rechtsordnung; dass aber die Unerschütterlichkeit der Rechtsordnung nicht als die ewige Dauer bestimmter Rechtssätze, sondern nur als die Continuität des Rechtszustandes
aufgefasst werden müsse. „Die ausnahmslose, ununterbrochene
Herrschaft des Legitimitätsprincips hatte den europäischen
Völkern die Fortentwicklung geraubt: das Recht wäre nicht
gesichert worden, es wäre für alle Zeiten erstarrt". Auch
die Congresse konnten nur zum Schutz der legitimen Neugestaltung Europa's zusammentreten, aber zu ihrer Abänderung konnten sie nicht schreiten, ohne sie der Legitimität zu entkleiden. Es war nicht blos ein Fehler der Staatsmänner, dass sie die durch den Wiener Congress vollzogene
und für legitim ausgegebene Neuordnung Europa's, —
denn nicht blos der ältesten Republik des modernen Europa's
gegenüber hielt der Wiener Congress das Legitimitätsprincip
nicht aufrecht, auch dynastische Rechte hatten bei dem
Wiener Congress keinen Schutz gefunden, — für unabänder-
lich erklärten, es war ein Fehler des Princips selber,
dessen Verwirklichung jede Aenderung ausschliessen musste.
Und kein zu hartes Urtheil fällt endlich Brockhaus (S. 44)
mit den Worten: „Statt an eine wirkliche juristische
Begründung der im Widerspruch mit dem Legitimitätsprincip stehenden Gewalten zu denken, schmückte man die
Neugestaltung Europa's mit einem Heiligenschein, der ihr
nicht gebührte und versuchte was zum Heil der Welt miss-
lungen, Europa unter den Despotismus eines Princips zu
beugen, das in seinen juristischen Grundlagen ebenso unwahr

---

[52]) Brockhaus 4, 10, 12, 15, 22.

4*

als in seinen Consequenzen gefährlich gewesen ist". Wir
fragen aber, konnte die neue Ordnung gleichzeitig auf das
System des politischen Gleichgewichts und das Legitimitätsprincip basirt werden, da man doch bald auf das eine, bald
auf das andere Bezug nahm. Uns scheint aus diesem Hin-
und Herschwanken von einem zum anderen Princip nur das
Eine sich zu ergeben, dass die Berufung auf das eine und
das andere nur thatsächlich Willkürliches motiviren sollte
und dass man, je nachdem es passender schien, bald auf das
alte, bald auf das neu geschaffene Princip sich stützte, dass
der vollziehende Wille das Wesentliche und die Principien
das Nebensächliche waren.

Dass das Legitimitätsprincip eine juristische Färbung hat
und somit sich dem Rechtsprincip annähert, kein blos politisches Princip sei, ist einleuchtend. Die Legitimität oder
Gesetzgemässheit ist ursprünglich ein juristischer Begriff, der
in der rechtmässigen Ehe wurzelt, welche später staatsrechtliche Bedeutung durch ihren Einfluss auf die Bildung der
legitimen Familie und die durch diese bedingte Thronfolge
erhielt. Aber unjuristisch ist an dem politischen Legitimitätsprincip die Forderung der Unabänderlichkeit, deren
sich die Legitimität schon im röm. Privatrecht durch die
legitimatio per rescriptum principis und per subsequens
matrimonium entkleidete. Das Recht ist nicht nur entwick-
lungsfähig, sondern muss sich entwickeln, wie soll sonst von
einem Wurzeln und Entwickeln des Rechts in und aus dem
Bewusstsein des lebendigen Volkes, wie von einem Rechtsleben
die Rede sein können. Denn „das Recht kann sich nur dadurch verjüngen, dass es mit seiner eigenen Vergangenheit
aufräumt. Ein concretes Recht, das, weil es einmal entstanden, unbegränzte, also ewige Fortdauer beansprucht, ver-
höhnt die Idee des Rechts, indem es sich auf sie beruft, denn
die Idee des Rechts ist ewiges Werden, das[53] Gewordene
aber muss dem neuen Werden weichen". Das Legitimitätsprincip, das auf der Unabänderlichkeit fusst, ist undurchführ-

---

[53]) Jhering, Der Kampf ums Recht. Wien, 1872, S. 15 ff.

bar, es beansprucht Ewigkeit im zeitlichen Recht, ein nicht zu realisirender Anspruch.

Hat aber die neuere Völkerrechtsgeschichte die Resultate des Legitimitätsprincips geachtet? Selbstständige Staaten haben aufgehört zu existiren und sind mit anderen verbunden, die einen mit Preussen, die anderen mit Piemont, andere Staaten haben ihre Bestandtheile gewechselt, wie Frankreich und Piemont. Regierende Fürsten sind depossedirt, haben Proteste über ihr verletztes Recht zurückgelassen und agitiren oder kämpfen als Prätendenten den Frieden der von ihnen zur Beherrschung wieder begehrten Staaten bedrohend oder störend. Französische, italiänische, spanische Prätendenten sind zahlreich vorhanden. Das Princip der Legitimität ist staatsrechtlich tief erschüttert und war im Völkerrecht von nur kurzer Dauer. Ein neues Princip hat es abgelöst, das dem Völkerrecht entsprechender schien, das der Nationalität, aber auch dieses Princip war nur ein politisches, kein rechtliches.

3. Das Nationalitätsprincip.

Mit Recht sagt v. Mohl[54]), dass die Frage über die Bedeutung und Berechtigung der Nationalität eine ungewöhnlich verwickelte sei. Die Schwierigkeiten sind aber vierfache. Etymologische, ethnographische, historische, juridische. Nicht ein Mal in der Bezeichung besteht Uebereinstimmung, so dass mit einem Worte grundverschiedener Sinn und Forderungen verbunden sind. Volk und Nationen sind nicht synonym, die mit dem einen oder anderen Ausdruck verbundene Bedeutung schwankt aber so hin und her, dass sie oft promiscue gebraucht werden. Engländer und Franzosen bezeichnen oft mit Nation was Deutsche richtiger Volk nennen, d. h. die politische Gesammtheit der Staatsgenossen und hinwieder mit Volk (peuple, people) was die Deutschen richtiger als Nation

---

[54]) v. Mohl „die Nationalitätsfrage" in seinen Monographien aus dem Staats-Völkerrecht und der Politik, Tübingen 1862. I. 333 ff.

bezeichnen, d. h. die natürliche Gemeinschaft, abgesehen vom
Staat [55]). Cochut [56]) findet die erste Anwendung des Wortes
nationalité in den Schriften der Frau von Staël, welche' die
Idee Deutschland entlehnt habe. Etwas später hätten die
Grammatiker es bezeichnet als einen Inbegriff von Merk-
malen, welche ein Land characterisiren, niemals als einen
Ausdruck eines Volksrechts oder einer politischen Doctrin.
Das Wort bezeichne ein unbestimmtes Verlangen, ein Desiderat, und sei es daher zur Zeit unmöglich, eine Definition
zu Stande zu bringen, welche mit den thatsächlichen Zuständen im Einklange sei. Erst wenn die Democratie ein neues
Völkerrecht geschaffen haben werde, werde die Nationalität
die Autonomie in der vollsten Bedeutung des Wortes sein:
die Sympathie und Solidarität der Bürger unter
frei acceptirten Regierungen. Das Nationalitätsprincip werde der Gegensatz des aus der Eroberung stammen-
den früheren Princips sein, welches Europa seine bisherige
Gestalt gegeben. Endlich meint der Verfasser, dass das Nationalitätsprincip gefordert sei durch die neue öconomische
Ordnung. — Cochut weicht somit der Definition aus, fasst
aber die Nationalität bald in ihrer staats-, bald in ihrer völkerrechtlichen Bedeutung, bald als öconomisch geursacht.
v. Mohl dagegen gelangt zu einer Definition der Nationalität.
Darnach ist dieselbe „die einem bestimmten Volke thatsächlich zukommende, dasselbe von anderen Völkern unter-
scheidende körperliche und geistige Eigenthümlichkeit, welche
sich äusserlich in Gestalt, geistig vor Allem durch die Sprache,
dann aber überhaupt durch die ganze Gesittigungsweise kenn-
zeichnet und welche im letzten Grunde auf angeborenen und
sich gleichbleibenden natürlichen Eigenschaften be-
ruht, dann aber auch durch geschichtliche Ereignisse
näher bestimmt und im Einzelnen ausgebildet ist. Die staatliche Eigenschaft, das heisst das Inbegriffensein in einem be-

---

[55]) Bluntschli, die nationale Staatenbildung und der moderne deutsche
Staat. Berlin. 1870. S. 7.

[56]) In der Revue des deux mondes 1866. Tom 64. livr. 3. S. 689 ff.

stimmten Staatsorganismus, bildet kein wesentliches Merkmal
dieser Volksbesonderheit, vielmehr können verschiedene N a -
tionalitäten in Einem Staate vereinigt sein und ist andererseits eine Zersplitterung derselben Nationalität unter verschiedenen Staaten wol möglich. Auch ein räumliches und
ungetrenntes Zusammenleben sämmtlicher Bestandtheile einer
und derselben Nationalität ist n i c h t durchaus nothwendig,
wenngleich naturgemäss und von grosser Bedeutung für die
innere Entwickelung und kräftige Ausbildung". Offenbar hat
v. Mohl mit dem Ausdruck Volk immer Nation gemeint oder
das Naturvolk im Gegensatz zum Staatsvolk. Auch Bluntschli führt später aus, was v. Mohl angedeutet. Er erklärt
die Nationen für B i l d u n g e n d e r G e s c h i c h t e und zwar
nicht einzelner geschichtlicher Vorgänge, sondern einer langsam fortschreitenden, in der Folge der Geschlechter erst
wirksam werdenden Geschichte (l. c. S. 8). Indess definirt
er den Begriff Nation: als die e r b l i c h g e w o r d e n e n G e i -
s t e s -, G e m ü t h s - und R a s s e n g e m e i n s c h a f t von Men-
schenmassen der verschiedenen Berufszweige und Gesellschafts-
schichten, welche a u c h, a b g e s e h e n v o n d e m S t a a t s -
v e r b a n d a l s c u l t u r v e r w a n d t e S t a m m e s g e n o s s e n
verbunden sind. — Keine Definition, sondern eine Paraphra-
sirung giebt Ganesco, l. c. S. 41, und für ein der Religion
ähnliches Gefühl erklärt dieselbe Keleti in seiner Schrift
„qu 'est ce que la nationalité", Budapest 1874. 8. Aber nicht
blos die einzelnen Nationalitäten sind geschichtlich gebildet,
sondern auch der Nationalitätsbegriff hat seine Geschichte,
welcher wir uns später zuwenden werden. — Wenn doch wenigstens zunächst die Männer der Wissenschaft mit V o l k die
g e b i l d e t e oder R e c h t s g e m e i n s c h a f t im Staate, mit N a -
t i o n die g e w a c h s e n e oder n a t ü r l i c h e Gemeinschaft, abgesehen vom Staate, bezeichnen wollten, so wäre eine übereinstimmende Bezeichnung und Auffassung gewonnen und damit
vielfacher Verwirrung der Weg gehemmt, namentlich aber
der Unklarheit, welche durch willkürliche Auffassung und
Verwendung der Worte Volk und Nation, rechtlich, sowol
staats- als völkerrechtlich, unerfüllbare Forderungen stellt,

die nur den Völkerfrieden aufregen und stören, anstatt ihn
zu sichern. Dabei übersehen wir durchaus nicht, dass die
Nation auch historisch sich gebildet, aber ihre Basis bleibt
doch immer, wie auch v. Mohl sagt, eine Naturgemeinschaft.

Die natürliche Gemeinschaft der Nation ist aber bald in
weiterer, bald in engerer Bedeutung aufgefasst worden. Auch
hier gilt es, die Terminologie zu rectificiren. Eine wirkliche
Racengemeinschaft ist es nicht, welche dem natürlichen Begriffe der Nationalität zu Grunde liegt, auch das Wort R a c e
wird daher hier nicht mit Recht angewandt. Racenstaaten
können nur Ideologen fordern und müssten diese sich dann
zunächst über die Zahl der Racen oder Menschenstämme ver-
ständigen. Denn nach der Offenbarung (I. Buch Moses) giebt
es deren nur drei nach den Stammvätern: Sem, Ham und Ja-
phet; nach Cuvier's, der von der gelehrten Welt hauptsächlich angenommenen, Unterscheidung auch drei: die kaukasische,
mongolische oder äthiopische, wonach es nur drei Reiche:
das weisse, gelbe oder schwarze geben dürfte; nach Blumen-
bach und Lacepède fünf, nach Prichard sieben, nach Bory
St. Vincent aber fünfzehn. Selbst die Unterabtheilung der
Racen: die Völkerstämme, eilf an der Zahl, und die Unterabtheilung dieser: die Völkerzweige, sind noch nicht die
Nationen, diese sind vielmehr nur wieder eine Unterabtheilung der Völkerzweige [57]. Die Nation ist daher nicht der
Ausdruck einer Race, nicht ein Mal e i n e s Stammes, nicht
ein Mal eines Völkerzweiges. Soll also das Princip der Nationalität zur Geltung kommen, so ist dieselbe im eigentlich-
sten Sinne zu erfassen, nicht unter dem Gesichtspunkte einer
höheren Kategorie, welche zwar wie jede auf die niedere be-
stimmend einwirkt, aber durchaus nicht ihr Wesen ausmacht.
Die Entstehung der Nationen weist aber darauf zurück, dass
die heute als Nationen bezeichneten in der Regel Mischungen
sind aus verschiedenen Elementen [58] und dass bei den ge-

---

[57] Kriegk, die Völkerstämme und ihre Zweige. Frankf. a. M. 1854.
S. 4 ff.

[58] Laurent, histoire du droit des gents. XVIII. 479 ff. „Il n'y a pas

schichtlichen Bildungen der Staaten auf die Nationalität keine
Rücksicht genommen wurde. Die geschichtliche Bildung
characterisirt aber v. Mohl mit folgenden Worten [59]): „Die
Staaten wurden durch Eroberung, Heirath, Erbschaft und wie
immer sonst zusammengebracht, wenn eine Gelegenheit dazu
sich bot, ohne die mindeste Rücksicht darauf, welchem Stamme
etwa die Bevölkerung angehöre; die Einwohner selbst legten
darauf nur einen untergeordneten Werth, ob sie mit anderen
Racen und Stämmen zusammen zu einem Staatsganzen vereinigt
wurden, wenn sie nur mit ihrem Loose sonst zufrieden waren.“
Auch Laurent bezeichnet die Staaten als das Product der Eroberung oder der Erbschaft (l. c. S. 485). — Das Nationalitätsprincip ist aber geschichtlich ein der neuen Zeit entstammendes,
wenn auch der Ursprung des Nationalitätsbegriffs nicht, wie
vielfach angenommen wird, blos bis zur französischen Revolution zurückreicht, oder gar nur in die letzten Jahrzehnte unseres Jahrhunderts.

Im Alterthume kam nicht der Mensch an sich, sondern
nur der Mensch als Glied eines Ganzen: des Staates in Ansatz.
Die Nationalität ist aber zunächst bedingt durch Anerkennung
der Individualität und dieses Princip entwickelte erst das
Christenthum, vernichtete aber wieder die katholische Kirche,
denn sie ist ihrem Wesen nach kosmopolitisch, daher den
Nationalitäten nicht günstig [60]). Den Germanen war es vor-
behalten, das Princip der Individualität politisch zu verwerthen. Die Europäischen Nationalitäten bildeten sich aus den
ursprünglichen Bevölkerungen, welche die Römer im Westen
vorfanden und den Bevölkerungen germanischen Ursprungs.
Aus diesen Elementen bestehen noch heute England, Frank-

---

une des nationalités européennes qui ne renferme un melange de populations germaniques et celtiques. Il y a partout un mélange de populations
appartenant à la même nationalité et formant néanmoins des nations di-
stinctes. S. auch Ganesco l. c. S. 64 über die Bildung der Hauptnationen.

[59]) v. Mohl, l. c. 334.

[60]) „Le lien, qui attache le fidèle à l'Église, absorbe celui qui l'attache
à sa patrie. Quand le croyant est tout, le citoyen n'a plus de raison
d'être.“ (Laurent l. c. 504.)

reich, Spanien, Italien und Deutschland. Damit aber Sieger
und Besiegte eine Nation bildeten, war eine Fusion der verschiedenen natürlichen Elemente und ein langes Beisammen-
leben erforderlich, damit die Antipathien den Interessen eines
gemeinschaftlichen Lebens weichen. Auch das Recht war
zunächst ein an die Person geknüpftes und mit ihr wandern-
des, erst allmälig hörten die Bevölkerungen auf, nach ihrem
persönlichen Rechte, das die erobernden Germanen ihnen belassen hatten, zu leben und erstreckte sich ein und dasselbe
Recht über die ganze Bevölkerung des Territoriums. Das
Territorialrecht ist das zweite Moment zur Nationalitätenbildung und zugleich ein Moment zur Constituirung der modernen Staaten, wenn auch Nationen zu ihrem Fortbestehen
eines gemeinsamen Territoriums ebensowenig bedürfen, als
eines gemeinsamen Rechts — wie z B. die Juden. Die Sprache
ist ein drittes Moment für die Nationalitätenbildung und wird
heute bei der statistischen Arbeit der Volkszählung als Haupt-
criterium erkannt[61]. Eine sich besondernde Sprache fordert
aber eine besondere Literatur. Eine Nationalliteratur tritt in
den ersten Versuchen schon im neunten Jahrhundert in Frankreich und Deutschland hervor. — Das Feudalsystem kann aber
nicht, wie Laurent es thut, als Moment für die Nationalitätenbildung bezeichnet werden, denn dazu achtet es zu wenig die
Individualität, welche in ihrer Verbindung mit Grund und
Boden „als Bekleidung des Bodens"[62] mehr eine sachlich als
persönlich ausgestaltete und anerkannte war. — Die aber in verschiedenen Elementen zu immer mehr Selbstständigkeit heraus-
gebildete Nationalität vertrug nicht mehr die von der Kirche
prätendirte und geübte Oberherrschaft. Im 13. Jahrhundert
hatte das Papstthum die höchste Stufe der Gewalt erreicht.
„Die englischen Stände waren die ersten, welche am 12. Fe-

---

[61] Richard Böckh: „Die statistische Bedeutung der Volkssprache als
Kennzeichen der Nationalität" in der Zeitschr. f. Völkerpsychologie und
Sprachwissenschaft, Bd. IV. In derselben Zeitschr. s. auch Ludwig Rue-
diger „Ueber Nationalität", Bd. III.

[62] s. R. Gneist in Bluntschli's Staatswörterbuch, Bd. IV. v. „Grossbritannien", S. 424.

bruar 1301 ihren König Eduard gegen den Papst in Schutz
nahmen. Am 10. April 1302 erklärten auch die französischen
Prälaten, Herren und Bürger ihren König als Reichsoberhaupt
für frei. Endlich sprachen der deutsche Churverein zu Rense
am 15. Juli 1338 und der Reichstag zu Frankfurt a. M. im
März 1339 es aus, dass der von den Churfürsten erwählte
römische König der Deutschen seine Krone und höchste Gewalt unmittelbar von Gott selbst habe und zur Regierung des
Reichs keinerlei Bestätigung des apostolischen Stuhles bedürfe. In Italien nöthigten sogar die Freistädte, deren Kriegs-
häuptlinge und Zwingherrn den Papst zu Vergleichen über
seine angeblich unzweifelhaftesten Rechte. Das Cardinalscolle-
gium und der Papst selbst anerkannten die rechtliche Unabhängigkeit der Fürsten und Reiche in nichtgeistlichen Dingen" [63]).
So war die von der katholischen Kirche erstrebte Machtstellung schon v o r der Reformation zerstört. Die Nationen
erwarben indess ihre volle Unabhängigkeit erst, indem sie
sich vollständig von der katholischen Kirche lossagten. Das
war das Werk der Reformation, welches abermals die Germanen, an ihrer Spitze ein deutscher Mönch, ausführten. Sie
war deutschen Ursprungs und deutsches und schwedisches
Blut besiegelte sie im dreissigjährigen Kriege. Die Reformation war eine Auflehnung gegen das Papstthum, weil dieses
sowol die Unabhängigkeit der Nationen als die Freiheit der
Individuen missachtete, ja zu untergraben trachtete. Der Einfluss der Erhebung beschränkte sich aber keineswegs blos
auf die Völker, welche sich zum Protestantismus bekannten,
er erstreckte sich auch auf diejenigen, welche dem Katho-
licismus treu blieben: die Reformation constituirte die Nationalitäten definitiv. Auch die Nationalliteratur nahm unter
dem Einfluss des Protestantismus einen höhern Aufschwung,
wodurch die modernen Sprachen zur Herrschaft gelangen
und sie die Sprache der Kirche, die lateinische, zurückdrän-
gen konnten.

---

[63]) Puetter, Beiträge zur Völkerrechtsgeschichte und Wissenschaft.
Leipzig, 1843. S. 101 ff.

Die Einheit des Mittelalters ist eine Universalmonarchie mit zwei Häuptern: dem Papst und Kaiser. Die Reformation zerstörte die katholische Einheit und im Verlauf der Zeit auch das politische Universalreich. Gustav Adolf rettete die Reformation und dadurch mittelbar das Nationalitätsprincip. Die Existenz des Protestantismus rechtlich besiegelnd, besiegelte der westphälische Frieden gleichzeitig die Vertheilung Europa's unter freie und unabhängige Nationen. Die Könige aber begründeten durch Kriege und Unterhandlungen die Territorialverhältnisse für die Nationen, und gewährten ihnen zwar dadurch eine Basis, aber in den Vordergrund trat die Bedeutung des politischen Volks oder Staatsvolks und trug die willkürliche Staatsbildung mehr zur Zerstücklung der Nationalitäten, als zu ihrer Vereinigung bei. Revolutionen, Kriege und Verhandlungen späterer Zeit lösten wiederum vielfach das Geeinte und gewährten national-selbstständige Staaten und nationale Wiedervereinigung getrennter Staaten zu einem Einheits- oder zu einem Bundesstaat. Die neuere Zeit strebt dahin, die souveraine Gewalt einheitlich zu gestalten, indem sie dieselbe den Völkern als ein unveräusserliches und unverjährbares Gut zutheilt. Es giebt keine Nationalsouverainetät, wohl aber eine Völkersouverainetät. Mit diesem Streben beginnt die Zeit der staatsrechtlichen Bedeutung der Nationalität. Die Nation wird zum Volk, dadurch hört aber die Nation nicht auf, eine Bedeutung, sowohl abgesehen vom Staate, als mit Rücksicht auf die Staatsbildung, zu behaupten. Aus einer Nationalität entstehen mehrere Staatsvölker, verschiedene Nationalitäten bilden ein Staatsvolk, manche Nationalität bildet keinen selbstständigen Staat, sondern ist nur einem von einer anderen Nationalität gebildeten eingegliedert. Die staatsrechtliche Bedeutung des Volks, geweckt durch die Reformation, wird weiter entwickelt durch die französische Revolution. Diese verkündete zwar Menschenrechte und somit Rechte des genus, sanctionirte aber doch durch die erklärte Gleichberechtigung Aller das Individualitätsprincip, welches ursprünglich und wiederholt die Germanen wach gerufen, wesshalb auch Cochut aussprechen

kann, dass die Idee der Nationalität den Deutschen entlehnt
sei. Die Consequenz des Individualitätsprincips ist die Souverainetät der aus Einzelindividuen gebildeten Völker. Sind
die Völker souverain, so bilden sie wiederum Persönlichkeiten, deren Individualität ebenso sacrosanct ist, als die des
einzelnen Menschen. So bildet die Revolution das Princip
fort und um [64]).

Die französische Revolution initiirte aber auch die völkerrechtliche Verwerthung des Nationalitätsprincips. Die Republik erklärte, dass Frankreich fremde
Territorien nur auf Grund eines Votums der Nationen erwerben und dass sie in ihren Beziehungen zu fremden Nationen die durch das Volk garantirten Institutionen achten
werde. 1795 verkündete Gregoire in der letzten Sitzung des
Convents in einer Declaration des Völkerrechts, dass die
Völker von einander unabhängig und souverain seien, dass
jedes Volk das Recht habe, seine Regierungsform zu ändern,
und dass ein Volk nicht das Recht habe, sich in die Regierung anderer zu mischen [65]). Hier ist in beiden Fällen das
Selbstbestimmungsrecht des politischen oder noch richtiger
des Rechtsvolks gemeint, nicht das des Naturvolks oder der
Nation.

Wenn Bluntschli behauptet, dass weder das Revolutions-,
noch das Restaurationszeitalter das Princip der Nationa-
tität als Staatsprincip anerkannt habe [66]), so hat er vollkommen Recht. Und dasselbe gilt auch von der zur Zeit der
Februarrevolution am 5. März 1848 erlassenen Proclamation
Lamartine's über Principien und Tendenzen der französischen
Regierung in den auswärtigen Beziehungen, denn es sollte der
Friedenszustand für die Zukunft basirt sein auf die Anerkennung und Achtung der Unabhängigkeit der
Völker. „1792 seien die Geister Frankreich's und Europa's
nicht gereift gewesen für das Verständniss der Harmonie der

[64]) Laurent, hist. d. droit des gens l. c. 472 ff.
[65]) Cochut l. c.
[66]) l. c. S. 6.

Nationen, jetzt aber sei gekommen „la grande nationalité (?)
intellectuelle et morale", welche die französische Revolution
krönen werde". Abgeschwächt erscheint derselbe Gedanke
wieder in der republikanischen Verfassung vom 4. November
1848. Es heisst daselbst, dass die französische Republik die
fremden Nationalitäten (?) achtet, so wie sie für Achtung der
ihrigen Sorge tragen werde. Offenbar ist hier nur das politische Volk, nicht die natürliche Nation gemeint.

Wenn aber auf die Aufforderung Napoleon's III. an die
Italiäner, ihre legitimen (?) Wünsche zu verkünden, die Mu-
nicipalität Mailand's die Krone der Lombardei Victor Emanuel
anbietet „im Namen des neuen, dem Princip der Nationalität
entstammenden Rechts" und wenn auf gleicher Basis die italiänischen Provinzen zur Bildung eines Königreichs Italien
annectirt werden [67]), dann kann in ersterem Falle allenfalls
auch das Selbstbestimmungsrecht des Volkes, im zweiten aber
gewiss nur das Recht der Nationalität auf nationale Staatenbildung gemeint sein. Zweifelhaften Sinnes ist die Antwort
Victor Emanuel's (22. November 1863) auf die von Napoleon III. (am 4. November 1863) ergangene Einladung zu
einem europäischen Congress: „Une lutte permanente c'est
établie dans une grande partie de l'Europe entre la con-
science politique et l'état de choses créé par les traités
de 1815. De là un malaise qui ne fera que s'accroître tant
que l'ordre européen ne sera pas constitué sur la
base des principes de nationalité et de liberté qui
sont la vie même des peuples modernes" [68]). Hier können unter
den Principien der Freiheit auch die eines politischen Volkes
im Innern und nach Aussen gemeint sein, was dadurch
aber wieder fraglich wird, dass der König als Aufgabe des
Congresses bezeichnet „d'amener un accord durable entre les
droits des souverains et les justes aspirations des
peuples". Wenn der König aber schliesslich als Ueberzeugung
Italien's ausspricht, dass die Gerechtigkeit und der Respect vor

[67]) Cochut l. c.
[68]) Aegidi's Staatsarchiv. V. 979.

den legitimen Rechten die wahren Grundlagen eines neuen
europäischen Gleichgewichts seien, so ward in einem Actenstück auf alle vier Principien provocirt: auf das des politischen
Gleichgewichts, das der Legitimität, der Nationalität und des
Rechts.

Was endlich die Bildung des deutschen Reichs anlangt,
so kann wol keinem Zweifel unterliegen, dass es seine Berechtigung im Nationalitätsprincip findet, wenngleich in officiellen, sich auf jenes Reich beziehenden Actenstücken, beispielsweise in der Proclamation des Königs von Preussen an
das deutsche V o l k vom 17. Januar 1871 [69]) nicht nur das
Wort Nation, sondern auch das Wort Volk gebraucht ist.
Auch nach dem Introitus der deutschen Reichsverfassung vom
16. April 1871 ist der dieselbe begründende Bund wiederum
zur Wohlfahrt des deutschen V o l k e s geschlossen [70]), wie
denn auch die Ansprache des Kaisers an die in Versailles
versammelten deutschen Fürsten vom 18. Januar 1871 vom
deutschen V o l k gesprochen hatte, im bezüglichen Armee-
befehl vom selben Datum aber gesagt war, dass die Stellung
des deutschen Kaisers unter Zustimmung aller , deutschen
V ö l k e r angenommen sei [71]), wobei Volk offenbar im Sinne
verschiedener Staaten oder polit. Völker genommen war.
Somit sind die Actenstücke beider Nationalstaaten neuester
Zeit nicht gerade genau in der Wahl der Ausdrücke gewesen, wenn gleich Italien durch gleichzeitige Provocation auf
vier verschiedene Principien ein Mehreres geleistet hat.

Als Ergebniss unserer Betrachtung haben wir anzuneh-
men, dass Volk ein rechtlicher, Nation ein ethnographischer
Begriff ist und dass die von uns noch zu beantwortende
Frage jetzt so gestellt werden kann: Hat das Völkerrecht den
Nationen das Recht zuzugestehen, nationale Staaten zu bilden,
und welche Beispiele solcher Staatenbildungen liegen vor?
Die Beispiele sind leichter ermittelt, sie sind: Griechenland,

---

[69]) Mart. N. R. G. XVIII. 581.

[70]) l. c. 582.

[71]) Aegidi's Staatsarchiv XI. No. 4214 u. 15.

Belgien, Italien, das deutsche Reich. . In allen vier Fällen
haben Kriege direct oder indirect zur Vollendung dieser Staatenbildungen beigetragen.   Was würde aber die Folge davon
sein, wenn das Völkerrecht das Recht der Staatenbildung
einem ethnographischen Begriff förmlich zusprechen würde?
Zunächst wol die, dass die Ethnographie erst feststellen müsste:
welche Configurationen von ihrem Standpunkte aus die berechtigten wären und dass dann etwa ein Staaten-Congress
eine neue Staatenkarte zu beschliessen habe.   Jener Congress
könnte aber nicht anders als einstimmige Beschlüsse fassen,
da es sich um Singularrechte eigentlichster Art handeln würde.
Da nun aller Wahrscheinlichkeit nach aber ein solcher Beschluss von Staaten, der immer gegen einen oder mehrere
derselben gerichtet sein müsste, nie gefasst werden dürfte, so
würde das vermeintliche Nationalitätsrecht abermals auf den
Weg der Gewalt verwiesen werden müssen und würde dann
die Frage entstehen: ob ein Krieg zur Durchführung jenes
Rechts ein völkerrechtlich gerechtfertigter wäre? Wir stehen
nicht an, Das auf das allerentschiedenste zu verneinen, denn
uns erscheint ein Krieg nur gerechtfertigt im Falle es eins
der völkerrechtlichen Grundrechte zu vertheidigen gilt, insbesondere die Existenz, Unabhängigkeit, Gleichheit und Ehre
eines Staates.   Wenn wir daher auch Bluntschli gar nicht
widersprechen wollen, dass die Staatspraxis seit ein Paar
Jahrzehnten sich auf das natürliche Recht der Nationen berufen habe, sich staatlich zu gestalten und dass unser Zeitalter das der nationalen Staatenbildung genannt werden
könne, so haben wir doch nicht übersehen, dass Bluntschli
selbst zugesteht, dass man über das Recht des nationalen
Dranges und über die Ausdehnung dieses Rechts streiten
möge und dass nur seine Macht unzweifelhaft sei (l. c. S. 6 ff.).
Das Recht hat aber die Aufgabe, diese Macht wie jede andere zu zügeln und nicht sich ihr dienstbar zu machen. Ja
wir müssen ferner anführen, dass Bluntschli eine Nation nur
für eine organische Gemeinschaft, nicht für ein anerkanntes Rechtswesen hält (S. 17), dass sie nur Cultur- und
nicht Staatsgemeinschaft sei.   Aber, meint Bluntschli,

wenn eine Nation sich ihrer Gemeinschaft in Sitte und
Sprache, in Geist und Charakter recht lebendig bewusst
werde, dann liege der Gedanke und das Verlangen nahe,
dass sie diese Gemeinschaft auch zur vollen Persönlichkeit ausbilde, dass sie auch einen gemeinsamen Willen her-
vorbringe und ihren Willen als wirksame Macht bethätige,
d. h. dass sie den Staat bestimme oder zum Staate werde
(S. 22). Indess wird von Bluntschli dabei ausgeführt: dass
nicht alle Nationen dazu fähig seien und nicht alle fähigen
die sittliche Kraft hätten, sich selber zu regieren und die
Charakterstärke, um sich als nationale Staaten zu behaupten.
Dass ferner eine Nation sich ihrer Culturverwandtschaft wol
bewusst, aber in ihren politischen Ideen uneinig, und dass
die Staatenbildung nicht blos eine consequente Entfaltung
des nationalen Lebens sein könne (S. 27 ff.). Andererseits erklärt er es für eine übertriebene Forderung des Nationalitätsprincips, dass der nationale Staat soweit ausgedehnt werde,
als die nationale Sprache reicht. Die höchste Staatenbildung
beschränke sich aber nicht auf Eine Nation, wenngleich sie
sich vorzugsweise auf Eine stützt. — Alle diese Einschrän-
kungen des Rechts einer Nation auf Staatenbildung lassen
wol nur eine seltene Uebung desselben erwarten. — v. Mohl
verlangt (l. c. 354. 360), dass zum mindesten ein sehr mäch-
tiges nationelles Bedürfniss vorliegen müsse, ehe es gerechtfertigt erscheint, dasselbe auf Kosten der Beständigkeit völkerrechtlicher Verträge und auf die Gefahr sehr weit greifender
und verderblicher Folgen zu befriedigen. Bei der Anstre-
bung eines blossen Bundesstaates als Form der Nationalver-
einigung bliebe wenigstens die Möglichkeit eines gesetzlichen
Verlaufs, während auch eine friedliche Entwicklung nicht zu
hoffen sei, wenn es sich von der Gründung eines Einheitsstaates handle. Die Rechtsfrage beantwortet v. Mohl so,
dass das einzige Mittel zur Herbeiführung nationeller Einheit
mittelst eines Einheitsstaates eben so wol ein schweres Verbrechen sein könne, als es unter andern Umständen als eine
Folge offenbaren Nothstandes entschuldigt werden könne. —
Also Wahl zwischen Verbrechen und Nothstand. — Heffter be-

rücksichtigt das Nationalitätsprincip in der Vorrede zu seinem
Völkerrecht (1861) mit den Worten: „Allerdings bedroht auch
das Nationalitätsprincip den Bestand mancher bisherigen
Staaten und Dynastien. Allein das Völkerrecht im Grossen
und Ganzen wird davon nicht berührt." Dergleichen Natio-
nalitätsbewegungen seien nur blosse Thatsachen für das Völkerrecht. Wie das Völkerrecht, das den Bestand der Staaten
garantirt, doch von einem jenen Bestand bedrohenden Princip
nicht berührt werden solle, ist unverständlich; dass das Princip
nicht in das Völkerrecht hineingehöre, unterliegt für uns aber
keinem Zweifel.

Gegenüber der Ausweisung des Nationalitätsprincips aus
dem Völkerrecht haben die italiänischen Schriftsteller sogar
die Reform desselben auf Grund jenes Princips in Aussicht
gestellt. Roncali stellt geradezu die Frage: „Wer ist das
eigentliche Rechtssubject im Völkerrecht, der Staat oder
die Nation? Bestehen die nicht nationalen Staaten oder
jene Staaten, die blos einen Theil einer Nation in
sich begreifen, auf wirklich rechtlicher Basis? Ist ihre
Fortexistenz, Angesichts des Nationalitätsprincips gerechtfertigt? Ist der Krieg gegen einen solchen Staat, dazu
begonnen, um dem Nationalitätsprincip Geltung zu verschaffen,
ein gerechter [72])"? Pierantoni hat in seinem unten bezeichneten
Werke bei Besprechung der einzelnen Schriftsteller immer
ihre Stellung zum Nationalitätsprincip im Auge behalten
und erklärt selbst (S. 277) für „das erhabene Princip und
hehre Endziel der neuen Richtung in der Völkerrechtswissenschaft die Verwirklichung der Humanitätsidee und deren Ver-
allgemeinerung (?) in der freien, harmonischen und vollständigen Entwickelung der Nationalität". Schon 1851 veröffentlichte Mancini eine Inauguraldissertation: „della nazio-
nalità come fondamento del diritto delle genti". In der Co-
existenz der Nationalitäten nach den Gesetzen des Rechts
erkennt er die erste Grundlage der Völkerrechtswissenschaft,

---

[72]) In der Vorrede (XII.) zur Uebersetzung von Pierantoni's Geschichte
der italiänischen Völkerrechtsliteratur.

ihre erste Wahrheit, ihre Fundamentaltheorie. Die Gesammtheit der Nationalitätselemente bringe eine Rechtsgemeinschaft hervor, welche unter Individuen verschiedener Nationen
unmöglich bestehen könne. Nicht der Staat, sondern die
Nation sei die elementare Einheit im Völkerrecht.
Die Nationalität sei eine natürliche Gemeinschaft
von Menschen mit Einheit des Landes, derselben Abstammung,
derselben Sitten, derselben Sprache, vereint zu gemeinsamem
Leben und gemeinsamem Bewusstsein. Das Nationalitätsprincip könne nur die Unverletzlichkeit, den Schutz aller Nationen
bedeuten [73]). Diese, der bisherigen gänzlich widersprechende,
Feststellung des Rechtssubjectes des Völkerrechts einer Beur-
theilung zu unterziehen, würde uns nicht anstehen, da die
bezügliche Schrift selbst und somit die eingehende Motivirung
uns nicht vorgelegen. Wir erlauben uns daher zu dem angeführten Inhalte nur zwei Gegenbemerkungen: dass es auch
Nationalitäten ohne Einheit des Landes, ja ohne Land überhaupt, giebt, wie z. B. die Juden, und dass eine Rechtsgemeinschaft auch ohne Nationalitätsgemeinschaft bestehen könne,
wie z. B. das Völkerrecht.—Im Gegensatze zu Mancini geht
aber Mamiani vom Staate und nicht von der Nation
aus [74]), Carutti fordert aber wiederum, dass der Staat auf die
Nationalität gegründet sei [75]). Ja Vidari sucht zu beweisen, dass
das europäische Gleichgewicht auf dem Princip der Nationalität
und der Freiheit der Völker begründet werden müsse [76]). —
Ferner schrieben von Italiänern über das Nationalitätsprincip
Luigi Palma in Anwendung auf die moderne europäische
Gesellschaft, und Pietro Esperson mit Anwendung auf das
internationale Privatrecht, und erörterte Pierantoni dessen wissenschaftliche Bedeutung und Verhältniss zu einer freiheit-
lichen Regierung. Nicht minder ist das Nationalitätsprincip
zum Völkerrecht in Beziehung gesetzt worden durch Pietro

---

[73]) Siehe Pierantoni l. c. pag. 102 ff.
[74]) Pierantoni, Seite 144.
[75]) Pierantoni, S. 152.
[76]) Pierantoni, S. 205.
[77]) Pierantoni, S. 247.

Celli: „Sistema di diritto internazionale moderno, Firenze
1872", welcher schon früher eine Schrift „del principio di Na-
zionalità nella moderna società Europea" veröffentlicht hatte,
und durch Morello: „Introduzione alla scienza del diritto internazionale in relatione alla filosofia della storia (Palermo 1868—
70)". Der letztere schreibt den Nationen nicht als Individuen
eine Persönlichkeit zu, sondern als Vertretern der Humanität.
Indem die Nationalitätsidee sowol die nationale Persönlichkeit als Individualität, abgeleitet von der Humanitätsidee, in sich begreife, werde sie zur Grundlage der
gesammten Wissenschaft des Völkerrechts. Bei
Besprechung dieser beiden Werke [78]) spricht Rolin-Jaeque-
myns eine Meinung über die rechtliche Bedeutung des Nationalitätsprincips aus, welche wir vollkommen theilen. Das
Nationalitätsprincip, sagt er, gebe den Staaten, welche dasselbe repräsentiren, das Recht, ihrer natürlichen Entwicklung zu folgen und wenn es dem National-(Volks-)Bewusst-
sein eines künstlich zerstückelten Volkes (Nation) entspringe,
so ermächtige dasselbe zu einer Verbindung mehrerer Staaten
zu einem. Auch könne das Nationalitätsprincip in der innern
Politik ein gültiges Motiv sein, Garantien zu beanspruchen,
z. B. für den Gebrauch einer Sprache. Aber weiter zu gehen und das Princip zu einem Mittel zur Auflösung, zur Zerstückelung zu machen, Das hiesse den Krieg und die allgemeine
Revolution verkünden. Laurent findet die Erhebung eines
ganzen Volks, wie zur Begründung der Vereinigten Staaten,
Belgiens, Italiens für gerechtfertigt, wenn aber eine schon
staatlich constituirte Nationalität das Nationalitätsprincip an-
rufe, um ihre Grenzen auszudehnen, so sei ein Krieg dazu
unberechtigt, und bedürfe es der Initiative der Bevölkerungen, um mit einer bereits staatlich organisirten Nation vereinigt zu werden. Wenn der bezügliche Wunsch aufrichtig
und ernst gemeint sei, sei die Annexion legitim (l. c. 484 ff.).
Er hält (S. 486) das Nationalitätsprincip für den besten
Bürgen des Friedens. Nur so lange es Staaten gebe, die

---

[78]) In der Revue d. droit international VI. 150 ff.

3. Das Nationalitätsprincip.

sich bilden, vergrössern und zerstören durch die Eroberung, werde der Krieg der natürliche Zustand der Menschheit sein. Wenn es dagegen Nationalitäten geben werde, würde von der Eroberung nicht mehr die Rede sein. Pierantoni (S. 279) erhebt sogar das Nationalitätsprincip zur nothwendigen Grundlage und Bedingung der friedlichen Vertheilung der Völker auf Erden. — Wir antworten hierauf: es giebt Nationalitäten und zwar sich sehr anfeindende, und so wie einst die Religionskriege, könnten in Zukunft Nationalitätskriege am fanatischsten geführt werden und sind schon so geführt worden. Heute ist nicht wie früher die Religion, sondern die Nationalität das treibende Princip, aber auch dieses treibt nicht zum Frieden, sondern zum Kampf.

Das Nationalitätsprincip hat sich auf die Wirkungen zu beschränken: auf dem Gebiete des Staatsrechts eine Achtung der Nationalitäten in ihrer Eigenthümlichkeit zu begründen und im internationalen Verkehr: getrennte Staaten einer und derselben Nation mehr oder weniger eng zu verbinden, und scheint diese Beschränkung auch ganz genügend, Italiens Vereinigung zu begründen und bedurfte es dazu nicht der Umbildung des gesammten Völkerrechts auf Grund des Nationalitätsprincips, denn dass diese Erhebung des Nationalitätsprincips durch die italiänischen Schriftsteller zu einem herrschenden für das Völkerrecht ihr Hauptmotiv darin gehabt, die Einigungsbestrebungen des ganzen italiänischen Volks nicht nur als keine den sittlichen Grundsätzen zuwiderlaufende, sondern vielmehr als eine im Recht begründete nachzuweisen, führt ein Italiäner: Roncali [79]), selbst aus.

Laurent (l. c. 472) hält es für Tendenz der Menschheit, die durch Macht oder Verträge gebildeten Staaten zu ersetzen durch auf dem natürlichen Element der Nationalität gegründete. Kann aber das Völkerrecht, das Recht des Friedens und der Erhaltung des Rechtsbestandes, welches den Staaten ihre Existenz garantirt, diese Aufgabe haben?

---

[79]) In .d. Vorwort zur Uebersetzung von Pierantoni's Geschichte der italiänischen Völkerrechtsliteratur, XIII. ff.

Ist das Recht der Nationalität stärker, als das Recht, welches
die Zusammenfügung verschiedener Nationalitäten zu einem
Staate anerkannt hat. Eine Anerkennung des Factums der
neueren Staatenbildungen auf dem Grunde des Nationalitätsprincips liegt allerdings vor, ja es haben zur Aufrichtung der
Unabhängigkeit Griechenlands, zur Trennung Belgiens von
Holland die mächtigsten Staaten mitgewirkt und diese sind
Subjecte des Völkerrechts; es ist die Einheit Italiens, es ist
das deutsche Reich von den mächtigsten Staaten anerkannt
worden. Aber hat dadurch ein allgemeines Völkerrechts-
princip oder eine allgemeine Rechtsbestimmung begründet
werden können, und durch welchen allgemeinen oder auch
nur besonderen Vertrag oder Declaration sind denn die Rechtsbestimmungen über die Anwendung des Nationalitätsprincips
im Völkerrecht festgestellt? Und giebt es etwa eine übereinstimmende Doctrin? Gehen nicht vielmehr die Ansichten
ihrer wichtigsten Vertreter weit auseinander? Genügt es zu
sagen: das Nationalitätsprincip ist die Basis des Völkerrechts?
Muss nicht vielmehr die neue Lehre vollständig in allen Ein-
zelbestimmungen ausgeführt und in dieser Ausführung begründet und von den Staaten anerkannt sein? Uns scheint
daher durch jene Thatsachen nichts mehr bewiesen, als dass
das Nationalitätsprincip vier Präcedenzfälle aufzuweisen hat.
Darüber, dass also das Nationalitätsprincip in der internationalen Praxis geübt und von Factoren derselben die Uebungs-
fälle anerkannt seien, darüber kann gar kein Zweifel bestehen, aber desshalb ist es ebensowenig zum Princip eines
Rechtssystems erhoben, wie das des politischen Gleichgewichts und das Legitimitätsprincip, welche beide auch in den
internationalen Beziehungen angewandt wurden. Wir vermögen daher das Völkerrecht auch nicht auf das Nationalitätsprincip zu gründen und wenden uns schliesslich zur Entwicklung des letzten und für das Völkerrecht allein berufenen
Princips: des internationalen Rechtsprincips.

4. Das internationale Rechtsprincip.

Zwar sagt v. Kaltenborn (1847), dass das Rechtsprincip in der Gegenwart des internationalen Lebens immer mehr·
zur Geltung komme, ja dass schon seit zwei, oder besser
drei, Jahrhunderten ein lebendiger Drang in der Völker- und
Staatenwelt sichtbar sei, das internationale Leben auf die Basis
des Rechts mit Anerkennung der Souverainetät der einzelnen
Staaten zu erheben und dass das neue Rechtsprincip in der
Praxis des Staatenlebens von Fürsten und Diplomaten als
die nothwendige Norm ihres politischen (?) Verkehrs mit
andern Staaten im 17. und 18. Jahrhundert erfasst worden
sei, dass sich schon damals überall das Bedürfniss, das Streben gezeigt habe, auf der Rechtsbasis zu stehen [80]). Indess spricht schon Heffter sich weniger vertrauensseelig aus:
„Europa huldigt mit den aus ihm hervorgegangenen trans-
atlantischen Staaten einem gemeinsamen Recht. Dieses
ist aber in vielen Stücken noch eine blosse Auto-
ritätslehre ohne ein schon vollendetes allseitiges
Bewusstsein und ohne absolute Sicherung der
Anwendung.“ Und dieses Urtheil ist kein unbegründetes,
lassen wir alle die Thaten, auch unseres Jahrhunderts, an
uns vorüberziehen, welche als Völkerrechtsverletzungen erscheinen. Wahrlich nicht dem Völkerrecht, sondern der Politik hat meist thatsächlich die Regelung und Entscheidung
internationaler Fragen zugestanden. Es gilt auch hier,
über ·den wahren Bestand sich nicht zu täuschen, das ist
auch hier die Voraussetzung für eine Aenderung und Besserung.

Dennoch ist das Rechtsprincip das einzig für das Völkerrecht berufene und führt darauf schon der Anfang der
Völkerrechtswissenschaft hin.

Schon Hugo Grotius berief sich auf die iura quae gentium consensus constituit (Proleg. 26) und hat die Uebereinstimmung der Staaten als Entstehungsgrund des
Völkerrechts ausgesprochen: „inter civitates aut omnes, aut

---

[80]) Kritik des Völkerrechts, S. 12. 13. 30. 31.

plerasque ex consensu iura quaedam nasci potuerunt"
(Proleg. 17). Ebenso hat er, trotz immerwährender Zurück-
weisung auf das Naturrecht, den Unterschied zwischen Natur-
und Völkerrecht erkannt, indem er jenes auf eine recta
illatio ex naturae principiis procedens zurückführte, dieses
auf den consensus (Proleg. 40) und dass der consensus wiederum seinen Ursprung im freien Willen habe, spricht der
Satz unzweideutig aus: quod enim ex certis principiis certa
argumentatione deduci non potest, et tamen ubique ob-
servatum apparet, sequitur ut ex voluntate li-
bera ortum habeat". Somit hat schon Hugo Grotius als
Entstehungsgrund des Völkerrechts den freien Willen und
die aus diesem ihren Ursprung nehmende Uebereinstimmung
der Staaten bezeichnet. Es wäre nun Aufgabe der Völkerrechtswissenschaft gewesen, das Völkerrecht lediglich aus
diesem Willen und der Uebereinstimmung der verschiedenen
Willen in einen abzuleiten. Indess vermochten die meisten
Vertreter derselben nicht, das Völkerrecht vom Naturrecht
als Basis desselben zu emancipiren, wenn sie freilich auch
dafür auf Hugo Grotius sich berufen konnten und namentlich
auf den Ausspruch: „Primum mihi cura haec fuit, ut eorum
quae ad ius naturae pertinent probationes referrem ad no-
tiones quasdam tam certas ut eas nemo negare possit, nisi
sibi vim inferat" (Proleg. 39). Es dürfte aber bei solcher
Berufung nicht übersehen werden, dass Hugo Grotius alle
möglichen Zeugnisse für das von ihm zur Anerkennung zu
bringende Recht anrief, nicht blos Zeugnisse von Philosophen und Geschichtschreibern, sondern auch solche von
Poeten und Rednern, um auf ihre Uebereinstimmung sich berufen zu können (Proleg. 40), welche beiden letzteren aber freilich er häufig nur desshalb angezogen haben wollte, damit
seinen Aussprüchen „ab ipsorum dictis aliquid ornamenti
accedat". Man übersieht ferner, dass Hugo Grotius zur Begründung seines Rechts bei der Bearbeitung seines Werkes de iure belli ac pacis (1625) nur schwache
Hülfsmittel vorlagen [81]), dass namentlich ihm nicht

[81]) Miruss, d. europäische Gesandtschaftsrecht, Abthlg. I. 22.

das reiche positive Material zu Gebote stand, wie seinen Nachfolgern, insbesondere seit der Veröffentlichung umfassender Vertragssammlungen mit dem Ausgange des 17. Jahrhunderts, also schon am Ausgange des Grotianischen Jahrhunderts, denn das erste Werk dieser Art war der von G. W. Leibnitz zu Hannover im Jahre 1693 herausgegebene codex iuris gentium, welchem im Jahre 1700 der 2. Theil unter dem Titel: mantissa codicis iuris gentium folgte.

Die Jünger der historischen Schule, welche sich dem Völkerrecht zuwenden wollten, hatten vor Allem den Beruf, dasselbe auf die internationale Rechtsüberzeugung zu begründen und thaten sie Das, so führten sie nur weiter aus, worauf der vornehmste Begründer der Völkerrechtswissenschaft, wir verleugnen damit weder die Vorläufer von Hugo Grotius: Oldendorp, Hemming und Winkler, noch Albericus Gentilis [82]), sie schon hingewiesen hatte.

Die Rechtsüberzeugung entspringt dem Rechtsbewusstsein. Die historische Schule lehrte, dass das Recht eines Staates aus dem Volksbewusstsein entspringe, und meinte hiemit nicht das Natur-, sondern das Staatsvolk, das Völkerrecht muss daher aus dem Bewusstsein der Völker oder Staaten entspringen, näher aber aus den festgewordenen Ueberzeugungen jenes Bewusstseins, wie sie sich im Völkerverkehr, nicht in unsicheren allgemeinen Umrissen, sondern in bestimmter Form des Herkommens und der allerbestimmtesten, den Verträgen äussern, welche wiederum nur der Ausdruck der ausgeglichenen Rechtsüberzeugungen verschiedener Volksindividualitäten oder Staaten sind. Denn ein jedes Volk oder jeder Staat bringt sein ihm eigenthümliches Rechtsbewusstsein zu der internationalen Rechtsarbeit mit, welche zu einem gemeinsamen Recht, wie das Recht überhaupt nur durch Kampf gelangt. Dieser Kampf ist ein Kampf der Meinungen und sein Ausgang ist Recht, wenn es, die verschiedenen Meinungen auszugleichen, gelang.

[82]) S. v. Kaltenborn, zur Geschichte des Natur- und Völkerrechts sowie der Politik, I. Bd. „die Vorläufer des Hugo Grotius", Leipzig 1848.

Der neueste und bedeutendste Kritiker der historischen
Schule, Jhering [83]), lehrt, dass das Recht unausgesetzte Arbeit
und zwar nicht etwa blos der Staatsgewalt, sondern des
ganzen Volkes sei, dass alles Recht in der Welt erstritten
worden, dass jeder geltende Rechtssatz denen, die sich ihm
widersetzt, hat abgerungen werden müssen, dass das Ganze
des Rechtslebens, mit einem Blicke überschaut, uns dasselbe
Gemälde des Ringens, Kämpfens und Arbeitens einer ganzen
Nation wie ihre Arbeit auf dem Gebiete des Eigenthums ver-
gegenwärtige und dass die Geburt des Rechts wie die des
Menschen regelmässig begleitet sei von heftigen Geburts-
wehen; dass der Kampf sich in allen Sphären des Rechts
wiederholen könne: in den Niederungen des Privatrechts wie
auf den Höhen des Staats- und Völkerrechts [84]). In der
That sind diese Sätze unbedingt auch auf das Völkerrecht
anzuwenden. Kein Recht ist so der Arbeit des ganzen Volkes bedürftig, als das Völkerrecht und doch ist dieselbe ihm
so wenig, aus Indifferenz und mangelndem Verständniss für
die Wichtigkeit dieses Rechts, zu Theil geworden; kein Recht
hat sich so durchkämpfen müssen und noch ist es weit bis
zum Ausringen. In keinem Recht hat jeder Satz so erstritten
werden müssen, wir erinnern nur an die Sätze der Pariser
Seerechtsdeclaration, und ist noch so wenig erstritten worden;
kein Recht liegt noch so sehr in den Wehen und hat sie so
wenig überstanden. Nicht aber können wir dem Verfasser
beistimmen, wenn er das doch immer mehr oder weniger
schwankende und dunkle Rechtsgefühl an die Stelle der
festen und klaren Rechtsüberzeugung setzt [85]), und vermögen
wir dem Satze „was für die Nation im Privatrecht gesäet und
und gezeitigt ist, wird im Staats- und Völkerrecht seine
Früchte tragen" (S. 73) nur desshalb beizustimmen, weil der
Verfasser damit nur gemeint, dass sich in den Niederungen
des Privatrechts jene Kraft bilde und sammle, sich jenes

---

[83]) Der Kampf um's Recht. 2. Aufl. 1872.
[84]) Jhering l. c. S. 9 ff.
[85]) Jhering l. c. S. 47.

Capital moralischer Kraft anhäufen muss, dessen der Staat bedarf, um im Grossen damit operiren zu können.

Zum Beweise Dessen aber, dass die von uns als Vorbedingung geforderte Ausgleichung der nationalen Rechtsüberzeugungen rücksichtlich des Völkerrechts zu einer internationalen keine neue sei, berufen wir uns auf einen Ausspruch des anerkannten Haupts der juristisch-historischen Schule, auf Savigny, der, wenngleich strenger Civilist, doch zugiebt (System des römischen Rechts I. 33), dass auch unter verschiedenen Völkern eine ähnliche Gemeinschaft des Rechtsbewusstseins entstehen könne, wie sie in einem Volk das positive Recht erzeugt. Dass aber das Völkerrecht und damit das Rechtsprincip für die internationalen Beziehungen der Staaten anerkannt ist, dafür citiren wir, aus der Zeit bald nach Verkündigung der Legitimitätstheorie, aus der zu Aachen am 15. November 1818 im Namen der mächtigsten europäischen Staaten unterzeichneten Declaration den Satz: „die Souveraine erkennen als Grundlage des zwischen ihnen bestehenden erhabenen Bundes den unwandelbaren Entschluss, nie, weder in ihren wechselseitigen Angelegenheiten, noch in ihren Verhältnissen gegen andere Mächte, von der strengsten Befolgung der Grundsätze des Völkerrechts abzugehen", welche Declaration der alte Diplomat v. Gagern[86]), für die ächteste Basis unseres heutigen europäischen practischen auf Verträgen beruhenden Völkerrechts erklärt, für die wichtigste Urkunde auf der Erde seit Menschengedenken. Keine wisse er damit zu vergleichen, nur das westphälische Friedensinstrument komme ihr zunächst und stehe damit noch in gewissen Beziehungen. — In der That kann aber seitdem von einer Nichtanerkennung des Völkerrechts durch die Subjecte desselben nicht mehr geredet werden und ist das Völkerrecht damit ein von den Praktikern ausdrücklich anerkanntes Recht geworden, nicht mehr blos, was es bis dahin war, ein von der Wissenschaft geschaffenes und anerkanntes. Haben die Grossstaaten zur Beobachtung des Völkerrechts sich ver-

---

[86]) In seiner Critik des Völkerrechts. Leipzig 1840. S. 202.

pflichtet, so werden die kleineren Staaten wahrlich noch weniger demselben entsagen wollen, denn sie besonders schützt das Völkerrecht und besser als irgend welche politische Palliative oder eine aus politischen und rechtlichen Principien gemischte Theorie wie die der Legitimität.

Das Völkerrecht, ausschliesslich auf der Basis des internationalen Rechtsprincips rein erhoben, ungetrübt durch Beimischung unhaltbarer und dem Recht widersprechender Principien, wie das Princip des politischen Gleichgewichts, das Legitimitäts- und Nationalitätsprincip, wird und kann ein wirksames Recht sein, wenn die Staaten ihres Versprechens, das Völkerrecht beobachten zu wollen, eingedenk bleiben und die Wissenschaft den Aufbau eines vom Rechtsprincip getragenen Systems übernimmt, die Staaten dasselbe sanctioniren und durchführen.

Das Rechtsprincip ist für das Völkerrecht immer übereinstimmender gefordert worden, nur ist die nähere Präcisirung desselben in abweichender Weise geschehen. Das Ausgehen vom Wesen des Staates ist in übereinstimmender Weise und am nachdrücklichsten von Hegel, Puetter und Stein betont worden. v. Kaltenborn hat zu diesem Princip, dem der Souverainetät, noch das der internationalen Gemeinschaft gefügt und ist endlich von uns zur Vermittelung beider das internationale Rechtsprincip ausersehen, und damit statt zweier Principien für ein und dasselbe System, nur eins.

Zur näheren Charakterisirung des Princips ist die Erkenntniss des Zwecks des Völkerrechts unumgänglich nothwendig. In Bezug auf diesen weichen aber die Darstellungen und philosophischen Systeme sowie die Forschungen neuerer Zeit ab. Die Wolff'sche civitas maxima ist noch Manchem ein Ideal und ist dieselbe in Fallati's Völkermonarchie nach Art der constitutionellen Staatsform nur in verjüngter Erscheinung wieder aufgetreten. Dagegen sind denn namentlich Puetter, v. Mohl und v. Kaltenborn entschieden für das selbstständige freie Nebeneinanderbestehen der Staaten eingetreten und hat v. Mohl namentlich, in Uebereinstimmung mit uns, bei Gelegenheit einer fast zu gleicher Zeit von uns beiden behandelten Frage (des Asylrechts) die Weltrechtsordnung als den Zweck des Völkerrechts erkannt. Dem Grundgedanken nach erkannten dieselbe als Zweck schon früher Poelitz, Zachariä, Bitzer, Ahrens und der jüngere Fichte, und von Positivisten Heffter und Oppenheim. Dieser Erkenntniss Vorbedingung war: die rein rechtliche Charakterisirung des Völkerrechts, welche Warnkönig, Ahrens und der jüngere Fichte einerseits, und Oppenheim und Heffter andererseits erbrachten.

Nicht minder wichtig war das Begreifen des Internationalen, dessen Bestandtheile die Selbstständigkeit und Gemeinschaft sind. Die Internationalität wurde nicht blos von Allen, welche die Weltrechtsordnung erstrebten, erkannt, denn jene ist in diese einbegriffen und charakterisirt sie in unterscheidender Weise, sondern insbesondere auch bestimmt in den beiden genannten Bestandtheilen dargelegt von Poelitz und Oppenheim. Robert v. Mohl gebührt das Verdienst, den in der internationalen Gemeinschaft enthaltenen Grundgedanken und deren Rechtskeime weiter ausgeführt zu haben in seiner Monographie: die Pflege der internationalen Gemeinschaft als Aufgabe des Völkerrechts, und ein jüngerer Völkerrechtsschriftsteller Witold Zaleski [87]) hat was v. Mohl begonnen weiter ausgeführt, namentlich durch geschichtliche Entwicklung, Einfügung der beweisenden Thatsachen, wie sich solche in Institutionen und Verträgen äussern und durch Nachweis des Einflusses der politischen Oeconomie auf die Gemeinschaft. Aber sowol in Bezug auf die rein rechtliche als internationale Auffassung fehlt es nicht an Irrthümern bei Philosophen und Positivisten. Der Vermengung des Rechtlichen und Politischen machten sich, namentlich unter den Positivisten, schuldig: Saalfeld, Schmelzing und Poelitz, wogegen Zachariä und Heffter beide Gebiete von einander zu trennen begannen. Auch muss schon v. Ompteda die Forderung dieser Abscheidung nach-

---

[87]) Zur Geschichte und Lehre der internationalen Gemeinschaft. Dorpat 1866.

gerühmt werden und ist sodann von den Forschern neuerer Zeit
diese Frage als eine vermeintlich gelöste kaum mehr berührt worden, indess findet noch bei Fallati eine Annäherung an das Politische statt, wenn gleich eine Vermischung beider Sphären ihm
in keiner Weise Schuld gegeben werden kann. Die internationale Eigenthümlichkeit verkannten aber alle die Selbstän-
digkeit der Staaten missachtenden Projecte der Philosophen:
Kant, Fichte des ältern, Kahle und Audisio, und Zachariä schützt
die Erkenntniss der Weltrechtsordnung nicht vor dem Verkennen
des anderen Bestandtheils der Internationalität: der Selbstständigkeit. Aber nicht blos dem Grundgedanken und dem
Zweck, auch der Quelle des Völkerrechts haben die Forschungen
sich immer entschiedener zugewandt und übereinstimmend ist
durch Wasserschleben, Hälschner, Müller - Jochmus, v. Mohl,
v. Kaltenborn das ·Rechtsbewusstsein der Völker als
solche erkannt worden, an dessen Stelle wir als bestimmteren
Ursprung die internationale Rechtsüberzeugung haben ge-
glaubt setzen zu müssen [88]).

    Untersuchen wir nun: inwieweit die Wissenschaft des
Völkerrechts oder dessen Theorie die Vorarbeiten zur Herstellung eines Rechtssystems geliefert und dieses selbst dargestellt und wie weit sie ihre Aufgabe, ein positives Recht
darzustellen, erfüllt; so dass die Factoren der internationalen
Praxis, die Staaten, dasselbe zu üben und sich dessen in
allen Einzelfällen zu bedienen in den Stand gesetzt wären.

---

[88]) Siehe Bulmerincq, Systematik des Völkerrechts. S. 241 ff. und
S. 348 ff.

Zweiter Abschnitt.

Die Theorie des Völkerrechts.

———

1. Die Rechtsgeschichte.

Wenn von einigen Völkerrechtsschriftstellern die Wissenschaft als die erste Quelle des Völkerrechts anerkannt worden, so ist Das eine theoretische Ueberschätzung und eine von der Praxis nicht anerkannte Werthschätzung. Zwar hat, da dem Völkerrecht ein Gesetzbuch fehlt, die Wissenschaft der Praxis viel unmittelbarere Dienste zu leisten, als in anderen Rechtsdisciplinen, sie hat das Recht wie es ist durch ihre Arbeit her- und darzustellen, sie hat die Gesetzgebung vorzubereiten, ihr die Wege zu bahnen und wo positive Bestimmungen vollständig fehlen, die communis opinio doctorum zu ermitteln und dabei das fehlende positive per analogiam zu ersetzen. Aber die Ansichten der Völkerrechtsgelehrten gehen häufig weit auseinander und bei mangelnder Uebereinstimmung kann wol noch weniger erwartet werden, dass die Praxis sich nach der Theorie richten werde, da sie in einem solchen Fall doch nicht recht wissen wird: quid juris? Ein Ausweg ist hier schwer zu finden, es ist Alles in das subjective Ermessen gestellt. Niemals haben die Staaten ein Citirgesetz erlassen und bestimmt: welchen Autoren überhaupt und welchen eine vorzugsweise Autorität beizumessen sei, falls sie nicht übereinstimmen, höchstens haben sie sich in Staatsschriften auf Autoritäten wie Hugo Grotius, Vattel, Martens und in neuerer Zeit auf Phillimore und Heffter berufen, welcher Berufung indess nie die Bedeutung beigemessen wurde, dass sie legis vicem haben solle Die Wissenschaft hat bestimmte Aufgaben zu lösen und, nur insoweit sie dieselben löst, kann sie Anspruch auf Anerkennung ihrer Autorität haben.

Das Völkerrecht ist eine historische Wissenschaft. So
lange es in inniger Verbindung mit dem Naturrecht dargestellt und gelehrt wurde, wurde dessen Positivität verkannt
und so lange überhaupt keine strenge Ausscheidung alles
Philosophischen aus den Darstellungen des positiven Völkerrechts stattfindet, wird es um die Einheit der Auffassung und
Sicherheit der Anwendung immer schlecht bestellt sein. Ein
Hauptgrund, wesshalb die Völkerrechtsdarstellungen relativ,
im Vergleich zu denen anderer Rechtsdisciplinen, so wenig
Autorität geniessen, liegt in der Allgemeinheit und Unsicher-
heit des Standpunktes der Autoren sowol in Bezug auf die
Materie als das Princip. Eine juristische Disciplin, die kein
geschlossenes Ganze ist und die, wie bisher meist das Völkerrecht, zwischen politischem und rechtlichen hin und her-
schwankte, sich herrschenden Anschauungen accommodirte
und nicht eine sichere, unbeirrte Rechtsanschauung vertrat,
welche mehr auf die Fantasie als den Verstand ihrer Leser
sich Rechnung machte, eine solche Disciplin kann als juristische nie zu Ansehen gelangen. Desshalb hat denn auch
das Völkerrecht sowol an den Universitäten meist nicht mehr
als eine geduldete Existenz, blieb es in den Examinations-
plänen wiederholt ausser Ansatz und wurde von einer grossen Zahl von Staatsmännern nur im Nothfall herangezogen,
war aber keineswegs von Anfang an nur Richtschnur für
deren Handlungen. An alle dem trägt nun die Wissenschaft
keine geringe Schuld und obgleich sich die Zahl der Völkerrechtsschriftsteller in den letzten Jahrzehnten sehr vermehrt
hat, so fehlt doch noch sehr viel daran, dass sie alle sich
sicher verbunden wissen in dem Streben, wirklich ein
Recht darzustellen und zu begründen. Das historische
Recht ist ein Product der Geschichte, · das System eines
positiven Rechts der letzte Ausläufer der geschichtlichen
Entwickelung. Die nächste Anforderung an die Völkerrechtswissenschaft ist daher die Darstellung einer Völkerrechtsgeschichte. Schon vor 30 Jahren (1844) sagte Hälschner
(in Eberty's Zeitschrift für volksthümliches Recht S. 65) „die
nächste Aufgabe der Bearbeitung des Völkerrechts ist ohne

Zweifel, eine vollständige Geschichte desselben zu
liefern. Erst auf dieser Grundlage wird sich ein vollständiges System des heutigen europäischen Völkerrechts erheben können."

Die Völkerrechtswissenschaft muss das Völkerrecht fest
begründen auf die Thatsachen der Geschichte, ein nicht so
begründetes kann die Eigenschaft eines positiven gar nicht
ansprechen. Die Völkerrechtsgeschichte hat den geschichtlichen Ursprung und die geschichtliche Entwicklung des
Völkerrechts zu ermitteln. Indess ist diese Aufgabe bisher
von der Wissenschaft nicht in genügender Weise gelöst und
fehlt demnach die erste Voraussetzung für ein vollständiges
System des positiven Völkerrechts. „Ein praktisch zuverläs-
siges, positives Völkerrecht", sagt v. Mohl (Geschichte der
Staatswissenschaft I. 399) „kann nur der geschichtlich nach-
weisbare Ausdruck des gemeinsamen Rechtsbewusstseins der
christlichen Völker der Neuzeit über das Rechtsverhalten unabhängiger Staaten zu einander sein." Sehen wir von der
Differenz zwischen Wachsmuth (Jus gentium quale obtinuerit
apud Graecos ante bellorum cum Persis gestorum initium
adumbravit. Kiliae, 1822) und Heffter (De antiquo iure gentium, Bonnae 1823) ab [89]), ob das griechische Alterthum ein
Völkerrecht gehabt oder nicht und lassen wir uns daran ge-

[89]) Laurent beantwortet die Frage, ob die Griechen ein Völkerrecht
gehabt, T. II. 117 ff. dahin: „La notion de devoirs découlant de la nature de l'homme reconnue par les philosophes n'entra pas dans le do-
maine des relations internationales. L'absence d'un véritable droit des
gens entre les peuples grecs est attestée par tout leur état social". Indess giebt es Institutionen, z. B. das Gesandtschaftsrecht, welche durchaus
völkerrechtliche sind und schon im Alterthum, auch bei den Griechen, bestanden haben, wenn auch nicht, wie Ward sagt, seit Beginn der menschlichen Gesellschaft (An inquiry into the foundation and history of the
law of nations in Europe from the time of the Greeks and Romans to
the age of Grotius II. 477), und dass die Verletzung eines Gesandten schon
im Alterthum als eine Verletzung des Völkerrechts erkannt worden, dafür
verweisen wir beispielsweise auf Livius I. 14. II. 4. IV. 17. 19. 32. Tac.
annal. I. 42 „hostium quoque jus et fas gentium rupistis", und Seneca (op.
omn. Lib. III. cap. II.) De ira: „Violavit legationes rupto iure gentium".

nügen, dass überhaupt im Alterthum nicht nur internationale
Beziehungen bestanden haben [90], sondern dieselben auch vom
Recht vielfach in Angriff genommen und geordnet wurden,
so wird man unterscheiden können, eine Geschichte des
Völkerrechts im Alterthum, Mittelalter und der
neueren Zeit. Die hauptsächlichen Geschichtswerke sind
aber folgende.

Die Geschichte des Völkerrechts aller drei Zeitabschnitte
hat lediglich Laurent in seiner Histoire du droit des gens et
des relations internationales (XVIII Bde. von 1851 — 1870)
geliefert. Zwar ward der Einwand gegen ihn erhoben, als
habe er mehr eine Cultur- als eine Völkerrechtsgeschichte
geboten, indess hat er nie ermangelt, besondere Abschnitte
der Entwickelung des im Titel angedeuteten Rechts und der
Beziehungen zu gewähren. Dass er aber in der That vom
Rechtsstandpunkt aus hat schreiben wollen, beweisen
seine die 2. Auflage seines Werkes einführenden und bei dem
Abschluss des letzten Bandes wiederholten Worte: „Le senti-
ment du droit s'est singulièrement affaibli depuis une dizaine
d'années dans le domaine de la politique. Que sera-ce si
nous entrons dans la sphère des relations internationales?
Au risque de passer pour un rêveur et un utopiste, l'auteur
de ces Études [91] se propose de prendre en main la cause
du droit: il a la bonhomie de croire que tous les faits du
monde sont impuissants contre l'idée du juste". Wenn
aber der Verfasser bei Aenderung des Titels seines Werkes
zugesteht, dass er keine eigentliche Völkerrechtsgeschichte
habe schreiben wollen, sondern vielmehr eine Geschichte der

---

[90]) v. Kaltenborn's Ausspruch (Krit. des Völkerr. S. 268) „das internationale Leben ist alt, das Völkerrecht ist ein Produkt der Neuzeit", modi-
ficiren wir dahin, dass das moderne Völkerrecht d. h. das Recht gleichberechtigter Staaten neu sei, wenngleich er ihn so entwickelt, dass die
Rechtsbasis bis in die modernen Zeiten hinein dem internationalen Verkehr gefehlt, wenn es auch ein positives internationales Leben unter
den Völkern von den frühesten Zeiten an gegeben.

[91]) Den Titel Études sur l'histoire de l'humanité fügte der Verfasser
zum früheren vom IV. Bande seines Werkes an.

Menschheit, betrachtet vom Standpunkt des Fortschrittes
derselben zur Einheit, so hat er doch auch seitdem nicht
unterlassen, dem Völkerrecht und den internationalen Beziehungen besondere Abschnitte zu widmen. Er hat das Recht
und die Beziehungen immer von einander getrennt, auch für
das Alterthum, während man diesem in der Regel nur die
letzteren einräumte. Indess können wir ihm darin nur bei-
pflichten, denn wenn man unter Völkerrecht auch meist nur
das moderne, d. h. das Recht gleichberechtigter Staaten verstanden hat, so hat man doch nicht aussprechen können, dass
vor dem westphälischen Frieden, dem gewöhnlich für das
moderne Völkerrecht gesetzten Anfangspunkt[92]), das Recht
die internationalen Beziehungen nicht ergriffen habe[93]).

Von dem O.rient ausgehend und dort als Theocratien:
Indien, Aegypten und die der Hebräer, und als despotische
Staaten die Meder und Perser, als handeltreibende die Phö-
nicier und Carthaginienser, im I. Bande behandelnd, geht er
sodann im II. zu Griechenland, im III. zu Rom über. Der
IV. Band ist dem Christenthum gewidmet und wird im vierten Buch ausgeführt, dass die Idee des Völkerrechts mit dem
Christenthum entstehe. In dem V. Bande werden Barbaren
und das Christenthum (völkerrechtliche Materien enthält der
3., die Araber behandelnde Abschnitt), im VI. Bde.
Papstthum und Kaiserreich einander gegenüber gestellt, und
gehört aus demselben in die Völkerrechtsgeschichte: „Die
zeitliche Macht des Papstthums" (S. 100—130), wenngleich
der Inhalt mehr staats- als völkerrechtlich ist. Im VII., das
Lehnswesen und die Kirche behandelnden, Bande wird u. A.
im 1. Cap. die Frage erörtert: ob es im Mittelalter ein Völkerrecht gegeben und werden mit Rücksicht auf das Lehns-

---

[92]) „But it is from the peace of Westphalia that International law,
properly so called, dates". Kent, commentary on international law. Cambridge, 1866. p. 2.

[93]) v. Kaltenborn meint (Krit. des Völkerrechts. S. 40), dass zu Grotius'
Zeiten ein Autor des positiven Völkerrechts nur aus der etwa 100jährigen
Vergangenheit den Stoff schöpfen konnte, datirt demnach das Völkerrecht
etwa 100 Jahre früher.

wesen die internationalen Beziehungen gewürdigt, im 1. Cap.,
namentlich die feudale Isolirung und der christliche Kosmopolitismus. Im VIII. Bde.: La réforme, spricht sich der Verfasser im 4. Cap. über den Grundgedanken seines Werkes,
welchen er schon im I. Bande andeutet, näher aus, indem er
(S. 515) sagt, dass zwar die absolute Einheit der Zweck
der Menschheit nicht sein könne, weil sie unmöglich sei, dass
es aber von den ersten Anfängen derselben ein Hinstre-
ben zur Einheit gebe und dass solches sich noch fort-
setze, wenngleich auch dadurch der Individualismus nicht
absorbirt werde, indem dieser ein eben solches Anrecht auf
Bestehen habe als die Einheit. Die Individualität sei der
Zweck, denn der Mensch habe zur höchsten Aufgabe, seine
intellectuellen und moralischen Fähigkeiten zu entwickeln,
die Einheit sei nur das Mittel, das Ideal aber die Mannichfaltigkeit in der Einheit (S. 517). — Der Verfasser berücksichtigt
hiedurch die von der Kritik früher (durch v. Mohl in der
kritischen Zeitschrift für Rechtswissenschaft des Auslandes
Bd. XXIV. S. 321 ff.) gegen die Grundanschauung seines
Werkes erhobenen Einwände. — Der IX. Bd. ist den Religions-
kriegen, der X. Bd. den Nationalitäten gewidmet und gelangt
Laurent erst in diesem, im II. Buch Cap. 1. zum modernen
Völkerrecht. Im XI. Bde. schildert er dasselbe unter dem
Einfluss der Politik der Könige. Der XII., XIII. und XIV.,
die Philosophie des 18. Jahrhunderts, das Christenthum
und die französische Revolution behandelnden Bände nehmen
keine besondere Rücksicht auf das Völkerrecht, während der
XV., das Kaiserreich behandelnde Band, das Völkerrecht
der Republik und des Königthums einander gegenüber stellt,
die Reunionen, die Frage der natürlichen Grenzen, die Universal-
monarchie, Napoleon und ihm gegenüber die Nationalitäten erörtert. Der XVI. und XVII. Bd. behandeln die religiöse Reaction
und die Religion der Zukunft. Der XVIII. Bd.: „die Philosophie der Geschichte“, behandelt abermals die Nationalitäten
und das Gesetz der internationalen Beziehungen.

    Dass Laurent mehr als irgend einer seiner Vorgänger
für die Geschichte des Völkerrechts geleistet, ergeben schon

die vorstehenden Inhaltsangaben, niemand hat vor ihm diese
mannichfachsten historischen Verhältnisse in Beziehung zum
Völkerrecht so eingehend gewürdigt. Es ist das Werk eines
Menschenalters, wie er es selbst bezeichnet, ein seltenes Werk
in jeder Beziehung, selten rücksichtlich der staunenswerthen
Belesenheit des Verfassers, selten durch kritische Tüchtigkeit,
selten durch glänzende Darstellung, wobei nie, wo ein Gedanke fehlte, sich die Phrase einstellte. Zu bedauern ist
daher, dass diese bedeutende Leistung bisher so wenig ausgenutzt wurde. Derjenige, der die in dem umfassenden Werke
zerstreuten völkerrechtlichen Betrachtungen kurz zusammen-
fassen wollte, würde der Wissenschaft des Völkerrechts keinen geringen Dienst erweisen, denn es würde dadurch eine
von einem Grundgedanken getragene, aber freilich wesentlich nur äussere Geschichte des Völkerrechts aller Zeiten
veranschaulicht werden, nicht eine Dogmengeschichte der
einzelnen völkerrechtlichen Lehren, denn diesen ist keine
eingehende Berücksichtigung namentlich für die neuere Zeit
zu Theil geworden.

Wenn auch die nachfolgenden Werke an Vollständigkeit
und Tiefe der Auffassung dem Laurent'schen nicht gleich-
zustellen sind, so sind sie doch keineswegs gewöhnliche Leistungen. Das gilt denn ganz besonders zunächst von Mueller
Jochmus „Geschichte des Völkerrechts im Alterthum" (Leipzig
1848), welcher, nach Voraussendung einiger allgemeinen völkerrechtlichen Lehren richtig hervorhebt, dass die Völkerrechtsgeschichte von den Anfängen der Cultur ausgehen
müsse, „weil dort alle Keime der späteren Entwicklung sich
entdecken lassen, wenn sie auch noch wildere Pflanzen treiben
als unter der pflegenden Hand der gesitteten Welt". Gleich
Laurent beginnt er mit dem Orient, behandelt aber unter
dieser Rubrik den chinesischen Staat, das Judenthum, Indien,
Persien, Griechenland, Rom und den muhamedanischen Staat. —
Ward (l. c.) behandelt (II. vol. London 1795) das Völkerrecht
von den Griechen und Römern bis auf das grotianische Zeitalter. Nach Voraussendung einiger allgemeinen Erörterungen,
wobei der Verfasser behauptet, dass das Völkerrecht nicht

das Recht der Welt sei und dass verschiedene Classen von
Nationen unterschieden werden könnten, geht der Verfasser
zum Völkerrecht der Griechen und Römer und sodann zu
einem Scandinavischen Völkerrecht über. Sodann behandelt er die Völkerrechtsgeschichte vom Untergange des
römischen Reichs bis zum 11. Jahrhundert und vom 11. bis
zum 15., unterbricht wieder den historischen Fortgang durch
Betrachtungen über die Vervollkommnung des Völkerrechts,
wobei er die Mediationen neutraler Staaten und den Einfluss
besonderer, allen europäischen Staaten gemeinsamer Institutionen: des Christenthums, Lehnswesens, Ritterthums, der
Unterhandlungen, Tractate und Verträge, Rangordnungen und
Präcedenzbestimmungen würdigt, und geht dann zur Entwicklung des Völkerrechts im 15. bis 17. Jahrhundert über.
Die Wirkung der Reformation auf das Völkerrecht schildert
er mit den Worten: „the great breach in Religion, caused by
the Reformation, brought along with it a kind of subdi-
vision of its states, which may be said in some measure to
have caused an alteration in its Law of nations" (II. 467).
Von dem Unterschied der römisch-katholischen und prote-
stantischen Staaten sagt er zwar: „Each party affected to
make the evangelical doctrines the rule of their national
conduct, but scarcely so great a difference had existed for-
merly between Infidels and Christians, as was now to
be found between the Christians themselves" (II. 468),
wobei er auch auf die aus dem Gegensatz der Katholiken
und Protestanten hervorgegangenen, auf der Gemeinsamkeit
der Confession beruhenden Alliancen hinweist (469 ff.), indess
räumt er doch später ein, dass wie sehr auch die christlichen
Staaten disparat erscheinen, ihnen doch gemeinsame christliche Merkmale verblieben seien, welche sie von den Beken-
nern des Islams unterscheiden (474). Ferner behandelt er
ausführlich den Ursprung und die Rechte der stehenden Gesandtschaften und insbesondere die auf ihre Unverletzlichkeit
sich beziehende Doctrin und Präcedenzen. Vom 17. Jahrhundert sagt er, dass obgleich die Maximen des europäischen
Völkerrechts in demselben sich vervollkommnet hätten, doch

noch viel zu thun übrig bleibe (S. 599). Zur Erörterung der Gründe (S. 605 ff.), übergehend, welche das Werk von Hugo Grotius habe entstehen lassen, schreibt er demselben die Inauguration des neuen Systems des Völkerrechts zu, und betrachtet zu dem Zweck das Grotianische Zeitalter, räumt aber hierauf zum Schluss seines Werkes ein, dass das Völkerrecht dennoch ungewiss geblieben und nur angewandt werde, so weit es Interesse und Laune der meistbetheiligten gewährten.

Lässt sich auch nicht leugnen, dass in dem Ward'schen Werke viel werthvolles Material und manche anregende Gedanken enthalten sind und muss auch gerechterweise erwogen werden, dass seine Untersuchung sich auf eine ziemlich dunkle, durch Vorarbeiten wenig erhellte Zeit erstreckt und dass der Ursprung eines Rechts in eine nicht urkundenmässig sicher belegte Zeit, immer schon an sich schwierig zu verfolgen ist, so ist doch die Darstellung keine zusammenhängende, von keinem einheitlichen Grundgedanken getragene und bewegt sich trotz der eingeflochtenen Reflexionen mehr in Thatsächlichem, welches mit jener nur lose verknüpft ist. Verwerthet sind die Resultate dieses jetzt im Ganzen seltenen Werkes fast nur durch Puetter.

K. Th. Puetter behandelt in seinen Beiträgen zur Völkerrechtsgeschichte und Wissenschaft (Leipzig 1843) fast dieselbe Zeit wie Ward, aber in Kürze. Der Verfasser erklärt dieselben (Vorwort III.) für Bau- und Bruchstücke einer grösseren Arbeit: eines Systems des praktischen europäischen Völkerrechts, das indess später nicht erschien. Nach der Behandlung von Begriff und Wesen des Völkerrechts, hat er das „alterthümliche" Völkerrecht nur in seinen Haupt- und Grundzügen, das mittelaltrige vollständiger dargestellt, an die Völkerrechtsgeschichte von der Reformation bis auf Hugo Grotius sich aber wegen ihm fehlender Hülfsquellen nicht wagen mögen. — Wir erachten, dass Puetter sich, insbesondere durch ausführlichere Behandlung des s. g. mohamedanischen Völkerrechts und des von ihm s. g. christlichen Kriegs- und Friedensvölkerrechts, ein Verdienst erworben und sind seine

Leistungen auf dem Gebiete der Völkerrechtswissenschaft in
unserer Systematik des Völkerrechts 'S. 259 ff.) ausführlich
gewürdigt worden.

Während die bisher aufgeführten Werke mehr eine Geschichte der Thatsachen und einer beiläufigen Berücksichtigung der Literatur waren, hat Wheaton in seiner „Histoire
des progrès du droit des gens en Europe et en Amérique
depuis la paix de Westphalie jusqu'à nos jours, avec une
introduction sur les progrès du droit des gens en Europe
avant la paix de Westphalie", zuerst 1841, sodann wiederholt
auch die einzelnen Werke der Wissenschaft gewürdigt und
Thatsächliches und Literärgeschichtliches mit einander ver-
woben. Wenn wir auch nicht in Abrede nehmen wollen,
dass Thatsachen und Lehre sich auf dem Gebiete der Völkerrechtswissenschaft mehr gegenseitig bedingen und beeinflussen,
als es auf dem Gebiete anderer Rechtsdisciplinen der Fall
ist, ja dass, wie schon v. Mohl (in seiner Geschichte und
Literatur der Staatswissenschaften I. 339) bemerkte: „nicht
leicht in einem andern Gebiete des menschlichen
Wissens und Handelns Lehre und äussere Thatsachen sich gegenseitig so sehr durchdringen und
geschichtlich bestimmen, wie eben im Völkerrechte", —
so ist doch der Uebergang von Thatsachen auf Literärisches
und umgekehrt nicht selten unvermittelt, den Zusammenhang
unterbrechend und die Uebersicht störend. Dass aber eine
Scheidung, mit Aufrechterhaltung der eigenthümlichen Natur
des Völkerrechts und seiner Wissenschaft sehr wohl möglich
sei, erweisen uns die freilich kürzeren Uebersichten der Thatsachen und Lehren in verschiedenen völkerrechtlichen Ge-
sammt-Werken, insbesondere bei Manning, commentaries on
the law of nations, London, 1839, S. 6—56, und Calvo, le
droit international, Paris, 1870, I. 1—91, zwei Skizzen, welche,
besonders die letztere, die in anderen völkerrechtlichen Werken enthaltenen an Umfang und Inhalt weit übertreffen. Im
Uebrigen wird dem Wheaton'schen Werke, trotz seiner er-
schwerten Benutzung das Verdienst, einen ersten Versuch
einer umfassenderen Darstellung der Fortschritte des Völker-

rechts in Thatsächlichem und Lehre gewagt zu haben, nicht abgesprochen werden können, wenn auch seinen Urtheilen vielfach die Zustimmung versagt werden muss [94]).

Es fehlt dem Völkerrecht auch nicht an besonderen Literärgeschichten. In der alphabetisch geordneten Meister'schen Bibliotheca iuris naturae et gentium (III Thle. 1749—57) werden Schriften über Materien verschiedenartigster Rechtsgebiete nach einander fast nur aufgezählt, seltener über deren Inhalt referirt, noch seltener dieselben beurtheilt. L'Estocq's Grundlegung einer pragmatischen Rechtshistorie (Königsberg, 1766) behandelt auf wenigen Seiten (25 ff.) die Historie des natürlichen und Völkerrechts, indess mehr ersteres als letzteres. Diese und andere Vorgänger (siehe dieselben u. a. bei Meister im Vorwort) übertrifft aber, nicht blos durch Beschränkung auf einen und denselben Gegenstand, sondern auch durch Rücksichtsnahme auf den Inhalt der Schriften und den Lebensgang der Verfasser, v. Ompteda in seiner „Literatur des gesammten, sowol natürlichen als positiven Völkerrechts, Regensburg 1785, I. und II. Theil, III. Theil fortgesetzt von Kamptz, Berlin 1817", deren im I. Theil vorausgehende Erörterungen über Begriff, Umfang, Grenzen und Systematik wir bereits anerkennend würdigten in unserer Systematik des Völkerr. S. 252 ff. v. Ompteda behandelt die Geschichte der Völkerrechtswissenschaft nach Perioden der älteren, mittleren und neueren Zeit und giebt dann eine Bücherkunde Auch von Kamptz lässt der Geschichte der Wissenschaft des Völkerrechts von 1784—1816 eine Bücherkunde desselben folgen. Das Vorzüglichste, sowol in Bezug auf leitende Gesichtspuncte, als zusammenhängende Darstellung, als Zahl und Art der berücksichtigten Schriften, als endlich kritische Würdigung derselben leistete für die neueste Literatur Robert v. Mohl, zunächst in der Zeitschrift für die gesammte Staatswissenschaft (1846, Bd. III. S. 3 ff.) und so-

---

[94]) S. die Kritik Stein's in der Hallischen allgemeinen Literaturzeitung 1847; v. Kaltenborn's l. c. 124 und v. Mohl's in seiner Geschichte und Literatur der Staatswissenschaft. I. 373 ff.

dann in seiner „neueren Literatur des Völkerrechts", in der
Geschichte und Literatur der Staatswissenschaften, 1855, Bd. I.,
S. 337 ff. — v. Mohl unterscheidet bei der Besprechung geschichtlicher Werke rein stoffliche, literargeschichtliche und
gemischte Behandlung, systematische Bearbeitungen, Monographien und Urkunden-Sammlungen. Zugleich die vorhergehende Literatur berücksichtigt eingehend von Kaltenborn,
sowol in seiner Schrift „zur Geschichte des Natur- und
Völkerrechts" (Leipzig, 1848) unter dem Specialtitel: die Vorläufer des Hugo Grotius, als besonders in seiner „Kritik des
Völkerrechts nach dem jetzigen Standpunkte der Wissenschaft" (Leipzig, 1847). Die Vollständigkeit beider Schriftsteller hat uns dessen überhoben, alle Erscheinungen aufzu-
führen, weshalb wir eines Theils nur wichtigere hervorgehoben und andern Theils die wenigen, von jenen Autoren
nicht angeführten. Insbesondere können wir aber rücksichtlich
der übrigen Werke aus dem Gebiete der Völkerrechtsgeschichte, welche besonders das Völkerrecht eines einzelnen
Volkes (eigentlich eine contradictio in adjecto) betreffen, wie
der Römer, Hebräer u. s. w., auf v. Mohl, Geschichte der
Staatswissenschaft, S. 342 ff. und von Kaltenborn, Krit. S. 103,
Anmerkung verweisen, was aber die völkerrechtlichen Gesammtwerke und Forschungen anbetrifft, für die Zeit von
Hugo Grotius bis 1858, auf unsere Systematik.

Es sei uns vergönnt, schon an dieser Stelle die v. Kalten-
borns Andenken im hohen Grade gebührende Anerkennung auszusprechen. Zwar gab der Verfasser in Bescheidenheit vor,
nur v. Gagern's Kritik des Völkerrechts weiter haben aus-
führen zu wollen (S. 8 ff.), indess hat er gegenüber diesen,
wesentlich nur anregenden und vielen Widerspruch heraus-
fordernden Aphorismen [95] systematisch und principiell höchst
gediegenes geleistet. Und wenn er auch sein, nach seiner eigenen Mittheilung [96] bereits völlig ausgearbeitetes System in

---

[95] S. die Kritik über v. Gagern's Schrift in meiner Dissertation: de
natura principiorum iuris inter gentes positivi (S. 11 ff.).

[96] Kritik des Völkerrechts. S. 305. Anmerkung.

Anleitung der von ihm mitgetheilten Grundzüge nicht veröffentlichte, so hat er doch durch seine von echt wissenschaft-
lichem Geist getragene Kritik des Völkerrechts sich einen
hervorragenden und ehrenvollen Platz in der Reihe der Völkerrechtsschriftsteller gesichert. Es wäre sehr zu wünschen
gewesen, dass seine trefflichen Winke mehr beachtet worden
wären und statt der breiten Vielschreiberei auf dem Gebiete
des Völkerrechts, welche manche Werke der letzten Jahrzehnte characterisirt, mehr principiell einheitlich, juridisch-
präcise Darstellungen des positiven Völkerrechts an die Oeffentlichkeit getreten wären. Die Zahl der Werke über Völkerrecht hat in der letzten Zeit zwar beträchtlich sich vermehrt,
aber eine gründliche kritische Sichtung, ein juridischer Inhalt und eine juridische Form fehlen den meisten. An
wissenschaftlicher Schärfe und juridischem Inhalt und Form
übertrifft v. Kaltenborn unzweifelhaft seine Vorgänger und
ist von seinen Nachfolgern nicht übertroffen, und sind alle
diese Vorzüge auch der Literärgeschichte des Völkerrechts
zu gute gekommen. Dass wir aber durch v. Kaltenborn's
Kritik selbst zur kritischen Umschau auf dem Gebiete der
Völkerrechtswissenschaft angeregt wurden und sowol unsere
Schrift de natura principiorum iuris inter gentes positivi
(Dorpati Livonorum 1856), als die über die Systematik des
Völkerrechts nur den Zweck verfolgten, das von ihm be-
gonnene weiter auszuführen, bekennen wir gerne und wiederholt. Sowol v. Kaltenborn's Kritik als die beiden vorher genannten Schriften haben System und Princip an den früheren
Leistungen geprüft und ein eigenes Princip und eine eigene
Systematik hergestellt. Auf beide Schriften ist aber, weder
von dem einen, noch von dem anderen Verfasser, eine Darstellung eines Systems gefolgt. v. Kaltenborn ist leider der
Wissenschaft schon vor Jahren und zu früh durch den Tod
entrissen, Referent hofft sein längst vorbereitetes System noch
zum Abschluss zu bringen.

Keine von den vorher angeführten Schriften hat eine
vollständige Völkerrechtsgeschichte geliefert, denn bei Laurent fehlt die neueste Zeit, keine eine vollständige Literär-

geschichte. Die Wissenschaft hat demnach noch beide Aufgaben zu leisten, wenn es auch an Vorarbeiten für beide
weniger fehlt als früher. Noch immer gelten v. Mohl's schon
1855 (in seiner Geschichte und Literatur der Staatswissenschaft S. 468) ausgesprochenen Worte: „Aber es ist doch
erst von der Zukunft eine vollständige Geschichte des gesammten völkerrechtlichen Stoffes und eine billigen Forderungen entsprechende Literatur-Geschichte zu erwarten".
Zwei Arbeiten sind von verschiedener Seite zunächst als
dringend anerkannt. Durch v. Kaltenborn (l. c. S. 14) „eine
historische Entwickelung der völkerrechtlichen (internationalen) Idee, also eine Geschichte des Völkerrechtslebens", und
durch von Mohl (l. c.) „eine Materialkritik, welche systematisch und vollständig aufräumte, erläuterte, gründete". Wir
formuliren unsere Forderungen in etwas anderer Weise. Wir
fordern eine Rechtsgeschichte des Völkerrechts und
zwar eine äussere und innere, der Thatsachen und Dog-
men. Die genannten Werke aus dem Gebiet der Völkerrechtsgeschichte sind, wenn wir uns so ausdrücken dürfen,
keine Rechtsgeschichten. Sie haben äussere Thatsachen dargestellt, Thatsachen, welche zum Theil nicht ein
Mal in eine äussere Geschichte des Rechts hineingehören, und
Ideen, welche durchaus vielfach dem internationalen Rechtsprincip nicht entsprechen oder es gar decken, sondern widersprechen. Der völkerrechtliche Kern ward eingehüllt in allgemein weltgeschichtliche Umrisse, ja er ist meist verhüllt
geblieben. Völkerrechtliches Wissen wird wenig aus jenen vielfach umfassenden Leistungen gewonnen werden, noch weniger
Material zu einem System des positiven Völkerrechts. Zum
International recht wird Vieles gerechnet, was durchaus nicht
rechtlich ist, sondern was nur überhaupt den internationalen
Beziehungen angehört und wird es vollständig übersehen, dass
das internationale Leben von den mannichfachsten Principien
in Angriff genommen ist und dass nicht jede internationale Maxime ein Rechtsgesetz ist. So wird politisches und rechtliches in den geschichtlichen Werken ganz
eben so wie in den meisten Systemen und Einzelforschungen

für das Völkerrecht nicht klar von einander geschieden und zieht sich kein rother Faden, der aus dem Labyrinth der mannichfachen Ereignisse der Jahrhunderte hinausleiten könnte, durch die gesammte Entwickelung hindurch. Die Völkerrechtsgeschichte wurde nicht vom Standpunkt eines einheitlichen Grundgedankens, insbesondere eines festen Rechtsgedankens geschrieben, wenngleich mehrere, ja die meisten Schriftsteller Betrachtungen über die völkerrechtlichen Grundbegriffe, welche aber auch wiederum von ihnen meist nicht als rein rechtliche erfasst sind, vorausgesandt haben. Ausserdem wurden Thatsachen, deren Einfluss überhaupt nicht zu bezweifeln ist, zum Völkerrecht in Beziehung gesetzt, auf welches sie gar keinen oder nur sehr geringen Einfluss ausgeübt haben.

Wir fordern für das Völkerrecht Leistungen, welche denen für andere Disciplinen der Jurisprudenz ebenbürtig sind, ebenbürtig insbesondere den Leistungen auf dem Gebiete der römischen und deutschen Rechtgeschichte. Wir fordern erstens eine äussere Rechtsgeschichte, eine vollständige Entwickelung der auf das Völkerrecht direct bezüglichen Thatsachen, nicht eine Verherrlichung des Christenthums, der Kreuzzüge, des Ritterthums, des päpstlichen Mittelalters, der Reformation; der Humanität, der allgemeinen Menschenrechte, des Kosmopolitismus und Nationalismus; der Erfindung der Buchdruckerkunst und des Schiesspulvers; der Entdeckung des Seeweges nach Ostindien, der neuen Welt, — von welchen allen wir bald der einen, bald der anderen, weil die Mühe der Erforschung des Rechtsganges gescheut wurde, eine Rolle als Lückenbüsser für die unterlassene Ermittelung der Rechtsentwickelung zugetheilt sehen. Wir wünschen ebensowenig eine Verherrlichung weder des römischen Rechts, noch des Weltbürgerrechts, welche das Völkerrecht weder zu begründen, noch zu ersetzen vermögen. Wir wollen ebensowenig die Verherrlichung einer einzelnen Nation wie z. B. bei Combes (hist. génér. de la diplomat. europ., Paris, 1854) oder Verunglimpfungen anderer wie in Mitchell's Memoirs and Papers 1850. Wir fordern eine Entwickelung der unmittelbar das Völkerrecht begründenden und fortbildenden Thatsachen vom objectiven und einheitlichen Standpunkt des internationalen Rechtsprincips und nicht von dem aller möglichen politischen Principien.

Zweitens aber fordern wir eine innere Rechtsgeschichte: eine Dogmengeschichte, welche dem Völkerrecht noch vollständig fehlt [97]), wenn auch hier und da einzelnen Lehren bei deren monographischer Behandlung eine geschichtliche Entwickelung vorausgesandt ist. Ernste juridisch-historische Arbeit thut dem Völkerrecht Noth, damit das System desselben als die derzeitige letzte Entwickelungsstufe der Geschichte des Rechts, als das zur Zeit geltende erscheint, nicht als ein Conglomerat von allgemeinen Culturideen, politischen Gebilden, naturrechtlichen Abstractionen und Nationalitätsträumereien. Nicht interessant, sondern wahr soll das Recht sein, nicht an- und aufregend, sondern feststellend, den Rechtsfrieden sichernd und damit die Leidenschaften derer, welche sich dem Recht nicht fügen wollen, überwindend. Das Völkerrecht soll die Stimme des Gewissens für die Völker werden, so dass sie durch dasselbe gemahnt und abgeschreckt werden, in ihrem Verhalten zu anderen Staaten ihrer launenhaften Willkür oder ihrer ungezügelten Selbstsucht zu folgen. Das Völkerrecht soll aber dazu in klaren, dem Inhalt und der Form nach einfachen und präcisen Sätzen sich verlautbaren. Jedes Recht und so auch das Völkerrecht hat keinen grösseren Widersacher als die Phrase und mit solchen ist das Völkerrecht wahrhaft überschüttet worden, es emancipire sich von der Phrase und es wird Achtung gebietend dastehen und gleich den anderen Rechtsdisciplinen als — ein Recht.

Es sollte nicht weiter angezweifelt werden, dass das Völkerrecht eine Disciplin nicht der Staats- sondern der Rechtswissenschaft sei, denn a potiori fit denominatio und das

---

[97]) S. über die Versuche in dieser Richtung v. Mohl, Geschichte und Literatur der Staatswissenschaft. I. 371, der zu folgendem Resultat kommt: „Ein umfassendes, die einzelnen Lehren verfolgendes Werk hat hier gar nie bestanden, aber selbst an einer brauchbaren Uebersicht fehlt es".

Hauptsächliche beim Völkerrecht ist das R e c h t, durch welches es sich von dem Inbegriff der anderen Gattung von Maximen für die auswärtigen Staatenbeziehungen: der äusseren Politik unterscheidet, welche zwar nichts wider das Recht thun darf [98]), der aber dennoch Aufgaben genug bleiben. Grenzt die Theorie nicht klar die beiden Gebiete des Rechts und der Politik und ihrer Gegenstände von ein-ander ab, wie soll es da von der Praxis erwartet werden. Ferner darf das philosophische Völkerrecht nicht dem posi-tiven beigemischt werden. Eine Dogmengeschichte soll den positiven Rechtssatz aus positiven Rechtsbestimmungen heraus entwickeln, nicht blos eine Blumenlese philosophischer Ab-stractionen sein.

Wir verzichten auf die Mitarbeit von Historikern, Poli-tikern und Philosophen an der Völkerrechtsgeschichte, soweit sie nicht juridisch tüchtig durchgebildet und von der Rechts-anschauung durchdrungen sind. Schon Hugo Grotius nannte das Völkerrecht partem i u r i s p r u d e n t i a e longe nobilissi-mam (Proleg. 32) und müssten daher vorzugsweise Juristen ihm ihre Arbeit angedeihen lassen. Auch berief er sich, um die Befähigung zu seinem Werk über das Recht des Krieges und Friedens zu erweisen, darauf, dass er eine j u r i s t i s c h e Laufbahn durchgemacht. Aber auch die Mitarbeit von Juristen muss von tüchtig, weder einseitig civilistisch, noch einseitig criminalistisch, sondern allseitig, namentlich publi-cistisch geschulten ausgehen, welchen nicht blos Kenntniss der Rechtsdisciplinen, sondern auch der Geschichte und poli-

---

[98]) Heffter sagt S. 7: „Eine sittlich correcte Politik kann niemals thun und billigen, was das Völkerrecht verwirft". Wenn er aber hinzu-fügt „andererseits muss auch das Völkerrecht gelten lassen, was das Auge der Politik für den Selbstbestand eines Staates schlechterdings als noth-wendig anerkennt", so garantirt schon das Völkerrecht eine solche Rück-sichtsnahme in dem von Heffter selbst (S. 50) angeführten e r s t e n R e c h t e der Staaten: „dem Recht eines ungestörten eigenen Daseins", und hat da-her die Politik auf die Ausübung des Schutzes des Staatenbestandes keinen besonderen Anspruch zu erheben, denn es fällt diese Fürsorge in die Do-maine des Völkerrechts.

tischen Oeconomie eigen ist. Die Völkerrechtswissenschaft
überhaupt muss aufhören, eine Beschäftigung für Mussestunden von Civilisten oder Criminalisten oder Staatsrechts-
männern zu sein, wenn auch die Kenntniss aller dieser Disciplinen zum Verständniss des Völkerrechts, welches die
privat-, criminal- und staatsrechtlichen Verhältnisse in seinen
Schutz nimmt und deren Sätze international modificirt, durchaus erforderlich ist. Ein ganzes Leben reicht nicht aus, den
in den Verträgen angesammelten reichen Stoff zu verwerthen.
Indem Völkerrechtsschriftsteller, und nicht wenige derselben,
ein Werk über das Völkerrecht nur so nebenher auch veröffentlichten und soweit es ihre sonst vielfach beanspruchte
Zeit erlaubte, haben sie, anstatt eines aus den Vertragsbestimmungen eruirten Völkerrechts, eine Auslese von Meinungen anderer, ebenso wie sie verfahrender, Autoren gegeben
und sie nachträglich mit Citaten aus Verträgen verbrämt
oder als Herkommen bezeichnet, was nur verschiedene
Schriftsteller, oft einer dem anderen nachschreibend, gesagt
haben. So ist denn auch eine Völkerrechtsgeschichte, welche
nicht den reichen Inhalt der Verträge erschliesst, nur
eine opinio doctorum, nicht aber die Bildungsgeschichte eines
positiven Rechtes. Denn diese ruht auf positivem Material,
dessen Sammlungen wir uns jetzt zuwenden.

---

2. Das positive Material.

Die internationale Rechtsüberzeugung erscheint in zweifacher Form: in der des Herkommens und der Verträge.
Das Herkommen ist meist nur behauptet, nicht erwiesen und
nie gesammelt worden. Das gesammelte positive Material
bilden in erster Reihe internationale Actenstücke, in zweiter
aber auch staatsrechtliche und überhaupt legislatorische, denn
das Völkerrecht hat das Staatsrecht in seinen Schutz zu
nehmen und die nationale Legislation auszugleichen zu einer
internationalen, was in dem sog. internationalen Privatrecht

am augenscheinlichsten hervorgetreten ist. Die Actenstücke
erster Reihe sind zwar hauptsächlich, aber nicht blos Verträge, sondern auch Declarationen, Manifeste, Depeschen,
überhaupt die sog. diplomatische Correspondenz. Zunächst
ist freilich der Sammlerfleiss den Verträgen zugewandt worden, in neuerer Zeit aber auch den anderen internationalen
Actenstücken.

Wir haben schon früher darauf hingewiesen, wie seit
dem Ende des Grotianischen Jahrhunderts allgemeinere Vertragssammlungen entstehen und können wegen derselben sowol auf Miruss (Europ. Gesandtschaftsrecht S. 23 ff.) verweisen, als auch auf v. Kaltenborn (Krit. d. Völkerr. S. 62 ff.,
als endlich auch auf v. Mohl (Gesch. u. Lit. d. Staatsw. I.
454 ff.). v. Mohl hat auch hierin wiederum das Vollständigste
geleistet und berücksichtigt er nicht blos die allgemeinen
Sammlungen von Verträgen, sondern auch die für einzelne
Staaten, ebenso aber auch die anderen völkerrechtlichen
Actenstücke. v. Mohl's Uebersicht ist die neueste der drei
genannten, stammt aber doch aus einer bald 20 Jahre ver-
gangenen Zeit. Wir beschränken uns hier nur auf Angabe
derjenigen Sammlungen, welche in der Gegenwart und meist
auch für dieselbe besonders brauchbar erscheinen und berücksichtigen dabei nur diejenigen, welche uns selbst vorgelegen haben und bei unseren völkerrechtlichen Studien von
uns benutzt wurden, über welche wir daher ein Urtheil zu
fällen, uns für befähigt halten dürfen.

Immer wird der ernste, wissenschaftliche Arbeiter auf
dem Gebiete des Völkerrechts an die Vertragssammlungen
selbst sich wenden müssen, um so mehr als die Werke über
die Geschichte der Verträge ihm nicht ein Mal eine Anleitung in Bezug auf die Classification und Materien derselben
gewähren. Der in neuerer Zeit üblich gewordene Abdruck
einiger Verträge als auch anderer Actenstücke in völkerrechtlichen Gesammtwerken ist nur eine zufällige Zugabe zu denselben und eine selbst für bescheidenes Bedürfniss nicht ausreichende, ausserdem wird der Umfang des Werkes dadurch
bisweilen zu sehr erweitert, z. B. bei Phillimore und doch die

Anschaffung von Sammlungen internationaler Actenstücke
nicht erspart. Einzelne besonders wichtige Stellen aus solchen Actenstücken *verbotenus* an ihrem Orte den entsprechenden Lehren hinzuzufügen, ist zur Begründung des Rechts als
positiven gewiss gefordert, aber der Gesammttext der Actenstücke bleibt besser den Sammelwerken derselben überlassen.

Gewissermaassen zur Bestätigung der Ansicht, dass schon
die frühere Zeit ein Völkerrecht gehàbt, hat Barbeyrac
(1739) sich der mühevollen Arbeit einer Geschichte in
griechischen und lateinischen Autoren und anderen Quel-
len verstreuten Bruchstücke von Verträgen von den ältesten Zeiten bis auf Karl d. Gr. unterzogen. Er schildert
Veranlassung, Motive, Umstände und Folgen der von ihm
mitgetheilten Verträge. Er ist bis auf den Amphictyonenbund
zurückgegangen und ist der Inhalt der von ihm ermittelten
Verträge ein sehr verschiedener. Sie sind beispielsweise Al-
liance-, Schiedsspruchs-, Vermittelungs-, Territorial-, Cessions-,
Grenz-, Handels-, Freundschafts-, und auf Herrschaftsverhältnisse bezügliche Verträge. — Für die neuere Zeit giebt uns Chri-
stoph Wilhelm Koch in 4 Bänden (Basel 1796—97) eine kurze
Geschichte der Friedensverträge der europäischen Mächte
vom westphälischen Frieden an. F. Schoell nimmt das Werk
wieder auf und setzt es in XV Bänden (Paris 1817—18) bis
zum Congress von Wien und den Pariser Verträgen von
1815 fort. Er vertheilt sein Werk in drei Theile. Der erste
betrifft die Verträge, welche das politische System des süd-
lichen und westlichen Europa's vom westphälischen Frieden
bis zum Congress von Wien und den Pariser Verträgen geregelt haben; der zweite Theil die Verträge, welche zwischen
den Souvrainen des Nordens vom Frieden zu Oliva im J.
1660 bis zu dem von Kiel im J. 1814 geschlossen wurden,
der dritte die Verträge, welche christliche Fürsten mit der
Türkei geschlossen bis zum Frieden von Bukarest den
28. Mai 1812. Graf Garden befasst in seiner „histoire géné-
rale des traités de paix et autres transactions principales
entre toutes les puissances de l'Europe" die beiden vorher genannten und andere Arbeiten und wollte sie bis auf die

neueste Zeit fortführen. Uns liegen von derselben nur XIV Bände vor, es schliesst der Herausgeber im XIV. Band mit dem Feldzuge von 1813 ab und ist somit nicht viel weiter als Schoell gelangt. Nach bibliographischen Verzeichnissen, die Jahreszahlen fehlen auf den Titelblättern der einzelnen Bände des Gard. Werkes, ist das Werk in den J. 1848—59 erschienen. Wir glauben allen drei letztgenannten Herausgebern nicht Unrecht zu thun, wenn wir über sie urtheilen, dass ihre einander resümirenden Werke, Schoell ruht auf Koch und Garden auf beiden, mehr dem Historiker als dem Juristen zusagen und nützen können. Zum Verständniss der Verträge sind mehrere der sonst beigebrachten Actenstücke und mitgetheilten Ereignisse nicht erforderlich, wogegen der juristische Inhalt der Verträge nicht gehörig gewürdigt worden ist. Wir können uns über die Art der Abfassung der Werke aber nicht wundern, da der Ausgangspunkt für alle drei Herausgeber das sog. politische System Europa's war, jene Erfindung von Staatsmännern und Schriftstellern, welche nur in Schriftstücken ihre Wirklichkeit hat und nie realisirt worden ist. Wie aber das Vertragsmaterial juridisch verwerthet werden kann, hat uns Hoffmann in seiner Diss. de gentium pactionibus et foederibus ex historia illustratis (Trajecti ad Rhenum, 1824) gezeigt. Eine Geschichte der hauptsächlichsten Friedensverträge, vorzugsweise nach dem westphälischen Frieden, aber auch aus einer früheren Periode, giebt unter Bezugnahme auf den Satz „dass die neutrale Flagge feindliches Gut decke" Furneaux (London, 1837), und ist sie jedenfalls von mehr juridischem Gehalt als die vorher genannten Geschichtswerke. Ausser den eben angeführten giebt es Werke über einzelne Staatsverträge, welche v. Mohl (l. c. 353) bespricht.

Was die umfassenden Vertragssammlungen, welche für die neuere Zeit und in derselben als am brauchbarsten erscheinen, betrifft[99]), so nehmen wegen der längsten Dauer

---

[99]) Wir besprechen hier nicht den zum Handgebrauch bewährten Recueil von Ch. d. Martens und de Cussy, Leipzig 1846—57. VII Thle.,

ihres Erscheinens die erste Stelle ein die sog. Martens'schen Sammlungen, bestehend in [100]):

I. dem Recueil de (?) traités, für die Zeit von 1761—1808, 8 Theile, 2. Ausg. von 1817—1835, herausgegeben von Georg Friedrich v. Martens, die vier letzten Theile dieser Aufl. durchgesehen und vermehrt durch Carl v. Martens;

II. die Supplementbände zu dem vorstehend aufgeführten Recueil, welche indess den Specialtitel Nouveau recueil de traités führen, für die Zeit von 1808—1839, erschienen von 1817—1842 in 16 Theilen (XX Bänden). Die vier ersten Bände sind noch von G. F. v. Martens herausgegeben, der V. von C. v. Martens, das Supplement zu diesem bis zum X. Band von Friedrich Saalfeld, vom X.—XX. (16. Thl.) von Friedrich Murhard.

III. Drei neue Supplementbände (Nouveaux suppléments) für die Zeit von 1761—1839, erschienen 1839—1842.

Zu den drei vorstehend genannten Werken erschien ein chronologisches und alphabetisches (nach den Staaten geordnetes) Verzeichniss in zwei Theilen 1837—1843. —

IV. Nouveau Recueil général für die Zeit von 1840 bis auf den heutigen Tag, bis jetzt 18 Theile in XX Bänden, von welchen die XI ersten wiederum von Friedrich Murhard herausgegeben sind, während der 12. und 13. Theil von Ch. Murhard und J. Pinhas, der 14—18. von Karl Samwer und der 18. von demselben und Julius Hopf herausgegeben sind.

Es ist wol zu beachten, dass nicht blos Verträge, sondern auch andere zur Erklärung der auswärtigen Beziehungen dienende Actenstücke in diesen Sammlungen enthalten sind. Die chronologischen und alphabetischen Verzeichnisse in jedem

---

welcher der „pratique quotidienne des affaires" dienen wollte, auch nicht das diplomatische Handbuch von Ghillany, Nördlingen 1855—68, 3 Thle., welches Friedensverträge mit historischen Einleitungen und den Inhalt resumirenden Angaben giebt, denn der erstere ist für Diplomaten, das letztere für weitere Kreise von Gebildeten bestimmt.

[100]) Wir glaubten mit diesen ausführlichen Angaben einen Dienst zu erweisen, da die bezüglichen Angaben in bibliographischen Verzeichnissen schwankend, ungenau und unvollständig sind.

Theile und das Generalregister für die III ersten Sammlungen erleichtern sehr den Gebrauch und wäre die Anfertigung eines Generalregisters für die seitdem erschienenen 20 Bände durchaus nothwendig. Da aber auch in den neueren Bänden vielfach Nachträge aus früheren Jahren vorkommen, ja in gewisser Rücksicht, entweder weil die Urkunden nicht veröffentlicht oder früher nicht zugänglich gemacht wurden, unvermeidlich sind, und da die Actenstücke der früheren Sammlungen doch vielfachen Zusammenhang mit denen der letzteren haben, so erscheint uns ein Generalregister über die ganze Sammlung erwünscht. Sollte aber dieses zu grosse Schwierigkeiten verursachen oder den Umfang des Registers zu sehr erstrecken, so würde ein Register auch nur der letzt erschienenen Sammlung von Nutzen bleiben.

Der häufige Wechsel der Herausgeber in den letzten Jahren, ist der Sammlung nicht förderlich gewesen. Der letzte Band (1873) liefert zwar reichliche, aber freilich auch längst entbehrte Nachträge wie z. B. die auf die Constituirung des deutschen Reichs bezüglichen, namentlich auch erst die schon überwundene norddeutsche Bundesverfassung vom 25. Juni 1867, welche die Pariser Archives diplomatiques 1868 im Januarheft brachten und zwar schon in französischer Uebersetzung, worauf übrigens die Martens'sche Sammlung in einer Anmerkung selbst ganz unbefangen hinweist. Ein Werk wie das Martens'sche, das jedenfalls für einen so langen Zeitraum und in solcher Vollständigkeit das einzige seiner Art ist, noch anzuerkennen, erscheint uns rücksichtlich seiner allgemein gewürdigten Brauchbarkeit und seines Gebrauchs in allen civilisirten Ländern überflüssig. Wol aber erscheint der Wunsch gerechtfertigt, dass die Bände in rascherer Aufeinanderfolge als in den letzten Jahren erscheinen, welchen Falls sie denn auch für die Arbeit auf dem Gebiete der Völkerrechtswissenschaft unentbehrliche Urkunden früher bringen und auch der Presse Gelegenheit geben würden, urkundenmässig begründet ihre Urtheile abzugeben, während diese jetzt vielfach den Text vermuthen oder mit Excerpten aus demselben sich begnügen muss. Schliesslich

können wir nicht umhin darauf hinzuweisen, dass von nicht
wenigen Autoren die verschiedenen Ausgaben nicht in übereinstimmender Weise citirt werden, wodurch das Nachsehen
der Citate oft sehr erschwert wird, freilich haben die Bezeichnung der doppelten Titel und Benennungen der verschiedenen
Herausgeber nicht wenig zu jener Verschiedenheit der Citir-
weise beigetragen. Selbst der Martens- und Cussy'sche Recueil,
der sich mit grosser Anerkennung über das grosse Martens'sche
Sammelwerk ausspricht, bemerkt (Introduct. p. XII.) die „con-
fusion réelle produite dans la publication des volumes primi-
tifs et des volumes supplémentaires". Die ganze Martens'sche
Sammlung ist als fortlaufendes Werk zu betrachten und sind
die einzelnen Bestandtheile desselben folgendermassen unter-
scheidend zu citiren:

1. Der Recueil de traités — M. R.
2. Der Nouveau Recueil de traités — M. N. R.
3. Die Nouveaux Suppléments — M. N. S.
4. Der Nouveau recueil général — M. N. R. G.

Nicht blos gleiche, sondern in gewisser Beziehung
grössere Vollständigkeit strebte an das 1861 und bis zum 12.
Jahrgange (1871) von Ludwig Karl Aegidi und Alfred
Klauhold begründete und fortgeführte Staatsarchiv,
Sammlung der officiellen Actenstücke zur Geschichte der Gegenwart, welches im 12. Jahrg. oder 22. Bde. von H. v. Kre-
mer-Auenrode und F. Worthmann, im 23. von H. v. Kremer,
im 24—26. von diesem und Ph. Hirsch herausgegeben ist. Diese
Sammlung soll alles dasjenige enthalten, was die Staatengeschichte der Gegenwart an urkundlichem Material zu
näherem Verständniss erfordert: Thronreden, Manifeste, diplomatische Noten und Depeschen, wichtige Verträge und Gesetze,
letztere beide, soweit sie internationalen Werth haben, Adressen
und Resolutionen. Documente in deutscher, englischer
und französischer Sprache sollen im Originaltext gegeben
werden. Vielfach ist, soweit es zum Verständniss einer politischen Frage nöthig war, in die Vergangenheit zurück-
gegriffen worden. Wir glauben diese Sammlung daher mehr
als eine politische, denn als eine völkerrechtliche charak-

terisiren zu können und bemerken nur noch in formeller Beziehung, dass ausser einem, nach den Gegenständen, alphabetisch geordneten Inhaltsverzeichniss in jedem einzelnen
Bande, für die Jahre 1861—67 ein Generalregister von
Dr. Loewy, welches 1868 im Verlage des Staatsarchivs erschien,
herausgegeben ist. Die Martens'sche Sammlung würde indess
schon desshalb, damit sie nicht anfängt, nur historischen und
allmälig antiquarischen Werth zu haben, zu erscheinen nicht aufhören dürfen. Ausserdem ist sie durch das Staatsarchiv, dem für
seine Zwecke sorgfältige, nur in den letzten Jahren auch etwas
zu späte Mittheilung nachzusagen ist, z. B. bei der Alabama-
angelegenheit, in Berücksichtigung der von diesem mitgetheilten relativ geringen Anzahl von Verträgen und seines Programms nicht ersetzt, wie denn auch andererseits die Martens'sche Sammlung in politischer Beziehung, namentlich zur
Aufhellung der Staatengeschichte der Gegenwart nicht Das
leistet, was das Staatsarchiv geleistet hat und wol auch leisten
wird.

Der Begründer der Martens'schen Sammlung spricht in
dem Vorw. zur ersten Ausg. (im Auszuge mitgetheilt in der
zweiten) es klar aus, dass seine Sammlung für diejenigen bestimmt ist, welche völkerrechtliche Vorlesungen
hören und daher einen besonderen Grund haben, sich mit
den Verträgen zu beschäftigen. Verträge herauszugeben,
war auch hauptsächlich seine Absicht und blieb auch die
Tendenz der Fortsetzer seines Werkes, unter welchen offenbar Murhard, der die meisten: 20 Bände herausgegeben und
somit die grösste Ausdauer an den Tag gelegt, zur Verbreitung
des Werks in alle Länder am meisten beigetragen, denn nur
längere Zeit hindurch regelmässig fortgesetzte Vertragsamm-
lungen können auf immer weitere Verbreitung rechnen. Desshalb hat auch die Martens'sche Sammlung, welche sich auf
die Zeit von 1761 bis in die Gegenwart erstreckt und die
noch besser gethan hätte mit dem westphälischen Frieden zu
beginnen, so weite Verbreitung gefunden und kann derselben
kein Staatsmann für das Auswärtige entrathen. Der von
Martens für den von ihm gewählten Zeitpunkt angeführte

Grund, dass die Wenck'sche Sammlung so langsam vorge-
schritten, wodurch er sich überhaupt erst zur Herausgabe entschlossen, ist doch ein rein äusserlicher, wenngleich zugegeben
werden mus, das ein neues Unternehmen nur darin seine Berechtigung findet, dass es einem bisher nicht befriedigten Bedürfniss Rechnung trägt. Mehrere allgemeine Vertragssammlungen neben einander, wenn nur eine derselben schon den
Anforderungen entspricht, werden immer zwecklos sein,

Martens hat zunächst nur schon veröffentlichtes gesammelt und mitgetheilt, aber er hat es eben gesammelt, denn
zerstreute Blätter sind nicht in Jedermanns Besitz und zu
sammeln hat nicht Jeder die Gelegenheit und setzt sich nicht
Jeder zur Aufgabe, ja den Meisten fehlt dafür, was und wie
zu sammeln, das richtige Verständniss. Martens klagt
gleich anfangs darüber, dass ihm die Archive nicht zugänglich
gewesen und hat er daher vor ihm erschienene Vertragssammlungen und vorher einzeln veröffentlichte Actenstücke
benutzt. Von verschiedenen Copien hat er diejenige aus-
gesucht, welche nach Inhalt und Umständen ihm als die
authentischste erschien, worin wol offenbar ein Beleg dafür zu
erblicken ist, das ihm die Originale, wenigstens beim Beginne
seiner Herausgabe nicht zugänglich gewesen. Man entnimmt
daraus: mit welchen Schwierigkeiten der Herausgeber zu
kämpfen hatte und kann nur um so mehr bewundern, dass
er seine Arbeit dennoch unverdrossen verrichtete. Der Beginn
und die Fortführung seiner Arbeit durch ihn fällt in eine
Zeit, wo es nur eine constitutionelle Monarchie in ganz Europa
gab und somit nur ein Land, in welchem wenigstens ein
Theil der öffentlichen Actenstücke sofort und ein anderer
später, bei Vorlegung des Blaubuchs, öffentlich werden musste.
Welch ein Material liegt dagegen jetzt einem Herausgeber vor,
nachdem die constitutionelle Monarchie und Republik die
Verfassung der Mehrzahl der Staaten bilden. Der Mangel
ist durch Ueberfluss ersetzt. Selbst absolute Staaten wie
Russland veröffentlichen ihre Verträge seit Jahren, zwei
Specialsammlungen derselben sind schon vorhanden und ist
eine vollständige, ausser der in der allgemeinen Gesetzes-
sammlung enthaltenen, so eben (St. Petersburg 1874) durch

F. Martens herauszugeben begonnen worden mit dem I. Bd.,
welcher enthält: „Traités avec l'Autriche, 1648—1762". Der
Reichthum an zugänglichen Verträgen wird bald ein nicht
leicht zu bewältigender sein und wird daher auch zahlreichere und besser als bisher unterstützte Arbeiter erfor-
dern, worüber wir uns weiter unten auslassen wollen.

G. F. von Martens' Verfahren bei Auswahl der Verträge
ist noch für die Gegenwart zu empfehlen. Er hat sich in der
Regel beschränkt auf ä u s s e r e Staatsurkunden und innere nur
insoweit herangezogen als sie unter Mitwirkung auswärtiger
Mächte abgefasst wurden. Auch die Verträge der Fürsten
des Reichs (des ehemaligen deutschen) hat er nur herangezogen, in soweit sie Einfluss auf europäische Angelegenheiten hatten. In der Regel hat er den ganzen Vertrag, bisweilen
aber nur Auszüge gegeben, wenn entweder ein Vertrag ihm
nicht vollständig zu Gebote stand, oder wenn sein Inhalt un-
wichtig war. Ebenso hat er von mehreren, dem materiellen
Inhalt nach gleichlautenden Verträgen, wie z. B. von denen
über die Abschaffung des droit d'aubaine nur die Namen der
Contrahenten und das Datum mitgetheilt. Ferner hat er zur
Vermeidung eines zu hohen Preises für das Werk unwesent-
liche Formalitäten eines Vertrags fortgelassen; eine zarte und
keineswegs unwichtige Rücksicht, welche jetzt wenig gehegt
wird, aber der sehr Beachtung zu wünschen wäre, da bei den
hohen Preisen für die Vertragssammlungen und der nicht geringen Zahl derselben die Anschaffung derselben, auch nur
durch die Völkerrechtsschriftsteller, da diesen nothwendig
dazu grosse Mittel zu Gebote stehen müssen, behindert wird,
von einer weiteren wünschenswerthen Verbreitung derselben,
namentlich in die Kreise der Mitarbeiter der Presse, ganz abgesehen. — In der Reihenfolge der Verträge hat Martens die
chronologische Ordnung in der Regel beibehalten und nur,
wenn der Zeitunterschied ein geringer war, dem Gegenstande nach Zusammengehörendes auf einander folgen lassen.
Was endlich die Sprache anbetrifft, so hat er in der Regel
nur den in einer weniger bekannten Sprache erschienenen
Verträgen eine Uebersetzung hinzugefügt, die in französischer
oder deutscher Sprache abgeschlossenen nur in dieser wieder-

gegeben und einige in anderer Sprache abgeschlossene nur in
der Uebersetzung.

Wir haben noch zweier umfassenden Sammlungen, die
unter gleichem Titel erschienen, zu erwähnen. Die Archives
diplomatiques, auch unter deutschem Titel: „Diplomatisches
Archiv für die Zeit- und ·Staatengeschichte (Stuttgart und
Tübingen, 1821—26, 6 Bde.) und als Fortsetzung unter dem
Titel: Neueste Staatsakten und Urkunden in monatlichen Heften
Band I—XXX (1825—33), von welchen jeder Band ausserdem auch ·den früheren Haupttitel „Diplomatisches Archiv
etc." führt. — Nach dem ursprünglichen Plan sollte gewisser-
massen im Gegensatz zu der chronologisch geordneten Sammlung eine systematische, nach den einzelnen Staaten gegeben
werden und bezog sich der erste Band auf das Königreich
beider Sicilien, der zweite auf die königl. Sardinischen
Staaten, das Kaiserthum Oesterreich und das osmannische
Reich, der dritte auf Spanien und die Europ. Congresse von
1820—23, der vierte auf Spanien und enthielt ausserdem die
deutsche Bundesacte u. s. w., der fünfte auf Frankreich,
der sechste auf Grossbritannien und die jonischen Inseln.
Mit dem siebenten Bande ist aber schon der ursprüngliche
Plan der Ordnung nach Staaten aufgegeben und enthält
derselbe die neuesten Staatsakten verschiedener Staaten.
Alle Urkunden sollten deutsch und zugleich in der Ursprache
oder französisch gegeben werden, aber schon vom dritten
Bande ist die Zugabe der deutschen Uebersetzung weggefallen,
da, nach dem Vorwort des zweiten Bandes, die französische
Sprache allgemein verbreitet sei und in den meisten diplomatischen Actenstücken gebraucht werde. Indess ist mit Beginn
der Fortsetzungen kein Band weiter in blos französischer
Sprache erschienen. — Eine Berechtigung zur Existenz hätte diese
Sammlung neben der Martens'schen schon desshalb behalten,
selbst nach Annahme der gleichen Ordnung wie bei Martens:
der chronologischen, da sie in erster Reihe Urkunden und
Actenstücke in Bezug auf die innere Verfassung und Verwaltung mittheilte und somit einem nach Pölitz' und Schubert's

Sammlungen von Verfassungen, jetzt seit fast 25 Jahren [101])
nicht befriedigten Bedürfnisse, nachkommen konnte. Ihre
zweite und dritte Aufgabe: die Herausgabe von Actenstücken,
welche auf die Verhältnisse eines Staates Bezug haben, als
Staatsverträge, Conventionen, Vergleiche, die wichtigeren Ur-
kunden, welche auf die Staatengeschichte sich beziehen als
Schriften und Noten, Kundmachungen, Botschaften, Adressen,
Kriegserklärungen u. s. w. werden indess, erstere durch die
Martens'sche Sammlung und erstere und letztere durch die
Aegidi'sche befriedigt.

Unter gleichem Namen wie die letztgenannnte Sammlung und in demselben Jahre wie die Aegidische erschien in
Paris, herausgegeben von F. Amyot (wahrscheinlich dem
Buchhändler) eine. neue Sammlung: Archives diplomatiques,
von welchen bis zu 1870 in jedem Jahre 4 Bände erschienen,
1870 nur 2, für 1871—72 combinirt 4 und von 1873 an
wieder vier. Veranlasst wurde diese Sammlung durch den
guten Erfolg einer vorhergehenden Veröffentlichung von Verträgen und anderer auf die italiänische Frage bezüglichen
Documente. Der Herausgeber versprach nur authentische
Documente aufzunehmen und unparteiisch auswählen zu
wollen. Sobald ein Actenstück zuverlässiger Quelle entstamme,
will er dasselbe, von welcher Seite es auch komme, auf-
nehmen. Der erste Abschnitt jedes Heftes, von welchen
monatlich eins erscheint und drei einen Band bilden, enthält
Verträge, Conventionen, Protocolle etc., der zweite Correspon-
denzen, Memoranda, Noten, diplomatische Circulaire etc. und
zwar nach der alphabetischen Ordnung der Länder. Die
Blau-, Gelb-, Rothbücher etc. werden wiederholt veröffentlicht,
ausserdem aber auch viele auf die innere Organisation der
Staaten bezügliche Gesetze, Verordnungen, selbst Verfassungen
wie z. B. die norddeutsche Bundesverfassung und sogar Ver-
fassungsentwürfe wie der spanische. Die auf einen Streitfall
bezüglichen Actenstücke sind vereinigt und sind ihnen die

---

[101]) Der II. und letzte Band von Schubert's Verfassungsurkunden erschien 1850.

auf sie sich beziehenden früheren Actenstücke vorausgesandt.
Das Ganze ist mit Verständniss angelegt und ausgeführt.
Die Fortsetzungen erscheinen regelmässig, die neuesten Ur-
kunden werden sehr bald nach ihrer Abfassung veröffentlicht.
Die Einheit der Sprache, der französischen, ist gewahrt, die
Ausstattung glänzend, der Preis verhältnissmässig. Gleich der
Martens'schen Sammlung sind jedem Bande chronologische
Verzeichnisse und alphabetische, nach den Staaten, angefügt.
Das erste Generalregister erschien schon nach Abschluss der
ersten 5 Jahrgänge nach den Staaten in chronologischer und
alphabetischer Ordnung, sodann nach den verschiedenen Materien und Staaten. An diese 3 Register schloss sich eine
Aufführung wichtiger diplomatischer und politischer Ereignisse
nach dem Datum. Ein Ende 1873 erschienenes chronologisches und alphabetisches Generalregister fasste den Inhalt
sämmtlicher bis dahin erschienener Bände zusammen.

Gegenüber diesem sicherlich anzuerkennenden Unternehmen wollen wir nur einen Zweifel darüber aussprechen,
ob eine Sammlung in diesem umfassenden Massstabe bei den
stets wachsenden Beziehungen der Staaten wird fortgeführt
werden können? Die Erfahrung wird, nach der Herausgabe einer
noch grösseren Anzahl von Bänden, hierauf eine zweifellose
Antwort geben und bemerken wir nur noch beispielsweise,
dass die Jahre 1871—72 so sehr mit nur französ.-deutschen
Actenstücken das Archiv gefüllt, dass sicher andere in be-
trächtlichem Maasse haben zurückgestellt werden müssen,
wofür denn auch die grosse Zahl von Actenstücken aus dem
Jahre 1869 im Januarheft 1874 spricht, während das März-
heft d. J. sogar Actenstücke von 1854 an nachholt und das April-
heft eine erste Abtheilung der auf die Occupation Roms und
des Kirchenstaats bezüglichen Documente veröffentlicht.

Trotz der vorstehend angeführten Sammlungen und der
anscheinenden Mannichfaltigkeit und Vollständigkeit derselben
sind doch in diesem Jahre zwei neue Unternehmungen in's
Leben getreten. Von den Herausgebern der Revue de droit
international, diesem durchweg ausgezeichneten Organ, von
welchem jetzt der 6. Jahrgang vorliegt, und dessen Haupt-

redacteur Rolin Jaequemyns die neu erscheinenden völker-
rechtlichen Werke mit einer grossen Unparteilichkeit
und Sachkenntniss bespricht, sind mit Anfang dieses Jahres
„Archives de droit international et de législation comparée"
edirt worden, also für dieselben Gegenstände, welchen die
Revue gewidmet ist. Der erste Band soll den übrigen zur
Einleitung dienen und wird er dazu in die vorhergehende
Zeit, aber in der Regel nicht weiter als bis 1871, zurückgehen.
Es beginnt mit einer Chronik des internationalen Rechts für
die Jahre 1871—73, als deren wichtigste Ereignisse bezeichnet
werden:

1. die Revision des Pariser Vertrages vom 30. März
   1856 durch den Londoner vom 13. März 1871;
2. die Aufrichtung des deutschen Reichs;
3. die auf den deutsch-französischen Frieden bezüglichen
   Verträge;
4. die Ergänzung der italiänischen Einheit und die neue
   völkerrechtliche Stellung des Papstes;
5. der Vertrag von Washington und die schiedsrichterliche Entscheidung der Englisch-Amerikanischen
   Differenz.

Die Urkunden sind, eine jede in ihrer Originalsprache
mitgetheilt. Das erste Heft enthält demnach solche in französischer, deutscher, italiänischer und englischer Sprache.

Nach einem Auszuge des Prospectus (der Prospectus
selbst lag uns nicht vor) sollen Verträge, internationale
Schiedssprüche oder Gesetsgebungsacte von allgemeinem Interesse mitgetheilt werden und zwar im authentischen Text
oder in einer Uebersetzung oder einer Analyse. Die Archive
beabsichtigen eine Lücke auszufüllen, da bis jetzt keine
Sammlung bestehe, welche soweit als möglich im Original in
sich vereinigt die Hauptacte des derzeitigen äusseren und
inneren öffentlichen Lebens der verschiedenen Völker. Französisch, deutsch, englisch, spanisch, portugiesisch oder italiä-
nisch abgefasste Actenstücke werden in dieser Sprache als
der ihres authentischen Textes abgedruckt werden. Die in
anderen Sprachen als: in russischer, holländischer, griechischer,

schwedischer und dänischer ·Sprache abgefassten ·Actenstücke
aber werden entweder in's Französische übertragen oder es
wird von ihnen eine mehr oder weniger umfassende Analyse
gegeben werden, je nach dem Interesse, das sie von einem
allgemeineren Gesichtspuncte aus gewähren könnten. Dabei
wird die Erwartung ausgesprochen, dass die Archive einen
recueil juridique bilden werden und dass man in ihnen
nach einigen Jahren die Quintessenz der histoire iuridique
actuelle finden werde.

Wir haben also hier zu erwarten eine Sammlung von
Rechtsurkunden für das äussere und innere Staatsleben,
die vorzugsweise Juristen erwünscht sein wird, aber auch
gewiss nicht minder nothwendig Staatsmännern und Schriftstellern, welche inneres oder äusseres rechtliches Staatsleben
zum Vorwurf nehmen oder es behandeln wollen. Hält das
Unternehmen sich innerhalb dieser Grenzen, so wird es allerdings dankenswerth sein und innerhalb der selbstauferlegten
Beschränkung Vollständiges leisten können, wogegen freilich
wiederum Staatsmänner und Schriftsteller für das äussere
Staatsleben eine Reihe von Actenstücken vermissen werden,
welche ihnen zum Theil in Aegidi's Staatsarchiv, zum Theil
in den Pariser archives diplomatiques entgegentreten. Wiederholten Abdruck derselben Actenstücke in jeder dieser drei und
der Martens'schen Sammlung halten wir nach dem vielfach coin-
cidirenden Plan derselben für unvermeidlich und hat derselbe
schon stattgefunden. Dass die Actenstücke zum Theil im
Original, zum Theil nicht im Original wiedergegeben werden,
ist nicht gleichmässig, während doch die Urkunden verschiedener Staaten an sich gleichwerthig sind und werden dadurch
die Nichtoriginale wol in der Minderzahl bleiben, wenn sie
nicht schon französisch abgefasst sind, wie z. B. alle diplomatischen Actenstücke Russlands im Verkehr mit Culturstaaten.
Auch kann nicht gebilligt werden, dass bei den nicht im
Original wiedergegebenen Actenstücken unter Umständen eine
Analyse genügen solle, wenn gleich auch schon in der Martens'-
schen Sammlung Auszüge vorkommen. Denn der dafür angegebene Grund kann ebenso gut für die im Original wieder-

2. Das positive Material.

gegebenen zutreffen, da diese ebensowohl mehr oder weniger
von allgemeinem Interesse sein können. Ist es die Sprach-
schwierigkeit, welche hinsichtlich der Nichtwiedergabe im
Original massgebend gewesen ist, so glauben wir, bei aller
Achtung der Sprachkenntnisse der Herausgeber, dass es unter
den Abnehmern des Archives sehr wenige Männer geben
wird und selbst, wenn sie Völkerrechtsfachmänner sind: Theoretiker oder Praktiker, welche aller der verschiedenen Sprachen
der Originalurkunden genügend mächtig sein werden. Dass
man aber die Sprache eines Actenstückes wirklich versteht,
ist die erste Voraussetzung, damit man den Sinn desselben
juridisch scharf zu fassen im Stande sei. Desshalb können
wir auch nicht vorschlagen, dass alle, also auch die nicht im
Original zu veröffentlichenden Actenstücke, in der Originalsprache veröffentlicht werden, denn es würde Das eine babylo-
nische Sprachverwirrung verursachen, aber wol dass alle in
einer Sprache und zwar, wie in den Pariser Archives diplomatiques, in der französischen, oder mit beigehenden Ueber-
tragungen in die französische Sprache, wiedergegeben werden.
Da aber die letztere Methode den Umfang der Sammlung
zwar nicht verdoppeln würde, indem die französische Sprache
nicht blos für Frankreich und Belgien, sondern auch für
andere Staaten wiederholt die Originalsprache der diplomatischen Actenstücke war und ist, aber doch wol sehr erweitern
würde, so können wir uns nur für den Gebrauch einer und zwar
der verbreitetsten, der französischen Sprache, aussprechen. —
Auch das sogenannte Internationale Privatrecht hat
mit diesem Jahre ein' besonderes Organ erhalten in dem von
Clunet in Paris unter Mitwirkung von Ch. Demangeat und
P. S. Mancini her ausgegebenen „Journal de droit international
privé, recueil critique de doctrine, jurisprudence et législation, concernant les étrangers et les conflits de lois dans les
différents pays". Das erste Heft theilt hauptsächlich sogenannte
internationale Erkenntnisse mit, d. h. verschiedene Nationalitäten betreffende. In Verbindung mit diesem Unternehmen
sind schon in Vorbereitung „Archives de droit international
privé".

Wie wir schon oben angaben, hat v. Mohl in seiner
Geschichte und Literatur der Staatswissenschaft auch die
Vertragssammlungen einzelner Staaten (S. 456 ff.) berück-
sichtigt, von welchen indess einige nur Verzeichnisse der
bestehenden Verträge sein sollen. Uns sind noch folgende
Vertragssammlungen zur Ansicht gelangt:

I. für Russland.

1. Documente (Verträge, Noten, Declarationen, Protocolle)
für die Geschichte der diplomatischen Beziehungen Russlands
mit den Westmächten von 1814—1822, herausgegeben durch
das Ministerium des Auswärtigen (Thl. I. 1823. Thl. II. 1825.
gr. 4.) Auf jedem Blatt ist neben dem russischen auch der Text
in französischer Sprache gegeben. Die Ausstattung ist elegant.

2. Sammlung von Verträgen, Conventionen und anderen
Actenstücken Russlands mit Europäischen, Asiatischen, und
den Vereinigten Staaten von Nordamerika, St. Petersburg
1845—62. 4 Bde., herausgegeben in Veranlassung des Marinemi-
nisteriums. Diese Sammlung enthält eine Reihe von Verträgen, Friedenstractaten, Postverträgen, Declarationen, Actenstücken und zwar nicht blos solche, welche sich nicht nur,
wenn auch vorzugsweise, auf die Schifffahrt und das See-
wesen überhaupt beziehen, indess nur in russischer Sprache.

3. Die Seite 107 angegebene Sammlung von Verträgen
und Conventionen durch F. Martens herausgegeben im Auf-
trage des Min. d. Auswärt., in russischer Sprache und der
des Abschlusses des Vertrages und mit historischen Einleitungen.

II. Für Frankreich wurde ein „Recueil des traités de la
France depuis 1789 jusqu'à nos jours" unter den Auspicien
des Ministeriums des Auswärtigen in den sechsziger Jahren
edirt durch de Clercq. Der Rec. zerfällt in 5 Theile:

    1. von 1713—1788; begonnen wurde mit den Texten
       oder Auszügen der in Folge des Friedens von Utrecht
       geschlossenen Verträge;
    2. von 1789—1814;
    3. von 1815—1830;
    4. von 1831—1847;
    5. von 1848 bis auf die neueste Zeit.

III. Für Deutschland ist für die Zeit des Bestandes des

norddeutschen Bundes von 1867—1870 ein besonderes Bundes-
gesetzblatt (Berlin, 4 Jahrgg.) und seit der Wiedererrichtung
des Reichs von 1871 an ein Reichsgesetzblatt herausgegeben
worden, in welchem auch völkerrechtliche Verträge enthalten
sind. Eine besondere und vollständige Ausgabe der Verträge
bleibt zu erwarten.

IV. Für die Vereinigten Staaten von Nordamerika erschien von Rancroft Davis: Treaties and conventions con-
cluded between the u. s. o. A. and other powers since July 4.
1776, mit historischen Notizen und einem analysirenden und
synoptischen Index versehen.

Dass die Vertragssammlungen einzelner Staaten in der
Landessprache erscheinen, da sie zunächst für die Staatsangehörigen bestimmt sind, ist nothwendig, nur wäre es, soweit
nicht allgemeine Vertragssammlungen französische Ueber-
tragungen geben, wünschenswerth, dass solche den nicht französischen Texten beigefügt würden, da den Völkerrechtsschriftstellern und Diplomaten nicht die Kenntniss aller
Landessprachen zugetraut werden kann. Die Sammlungen
der einzelnen Staaten müssen aber vollständige sein, damit
die allgemeinen Ansammlungen erforderlichen Falls auf sie
recurriren und ihnen die Texte entnehmen können.

An allgemeinen und besonderen Vertragssammlungen
fehlt es, wie an den citirten Nachschlageorten zu ersehen ist
und wie aus den von uns angeführten Sammlungen sich ergiebt, nicht, ja die letzten Jahrzehnte haben mehrere neue
entstehen sehen. Die Frage ist nur: ob die Qualität eine genügende ist und da scheint es uns doch: als ob, bei aller
Anerkennung der vorhandenen Leistungen, eine consequent
durchgeführte Methode fehle und dass bestimmte Forderungen
an alle gestellt und vereinbart werden müssten, damit eine
jede Sammlung ihren Zweck und alle zusammen den Gesammtzweck erfüllen.

Als Forderungen erscheinen uns folgende berechtigt:

1. Einheitlichkeit;
2. Zuverlässigkeit;
3. Vollständigkeit;

8*

4. Einheit der Sprache;

5. Rechtzeitige Veröffentlichung;

6. Uebersichtlichkeit.

Vor Allem Einheitlichkeit. Es ist unmöglich, dass e i n e Sammlung a l l e publicistischen: völkerrechtliche, international-politische, staatsrechtliche und legislatorische Actenstücke in sich vereinigt. Vier Sammlungen können unseres Erachtens sehr wohl neben einander bestehen:

1. eine völkerrechtliche;

2. eine für äussere Politik;

3. eine staatsrechtliche, und

4. eine legislatorische, d. h. vergleichender Gesetzgebung.

Zu jeder dieser Sammlungen sind besondere Vorkennt-nisse der Herausgeber gefordert, denn tüchtige Vorbildung für das Werk der Veröffentlichung ist wesentlich. Die Her-ausgeber müssen nicht bloss Unternehmungsgeist haben, sie müssen Verständniss für ihr Unternehmen mitbringen, sie müssen Sachverständige in Bezug auf Inhalt und Form sein. Die bestehenden Sammlungen haben Actenstücke verschiedener Gattung in sich vereinigt, diese Mannichfaltigkeit ist undurch-führbar und führt statt zur Vollständigkeit, zum Stückwerk, zum Etwas von Allem aber nicht zu Allem von Etwas oder zu einer Vollständigkeit in einer Species. Den völkerrechtlichen Charakter hat sich am meisten gewahrt die Martens'sche Sammlung, einen gemischt völkerrechtlich-politischen hat die Aegidische, einen völkerrechtlich-politisch-staatsrechtlichen, zum geringsten Theil gesetzgeberischen haben die Pariser Ar-chives diplomatiques, einen völkerrechtlich-legislatorischen die Archives der Revue de droit international, und einen nur processualistisch-legislatorischen die des sogenannten interna-tionalen Privatrechts, welche ganz wohl mit der vorhergehenden Publication der Revue de droit international vereinigt werden könnten, das Journal de droit international privé und die in Aussicht gestellten Archives desselben.

Wir halten es im Interesse des internationalen Rechts, das wir hier allein im Auge haben, für wünschenswerth, dass die Zahl der Sammlungen nicht vermehrt, sondern reducirt werde, dass der nationale Charakter derselben schwinde und sich zu einem internationalen erhebe, dass die Herausgeber internationaler Actenstücke sich zu einem Unternehmen nach einem gemeinsam vereinbarten Plan vereinigen, nicht jeder seinen Weg geht, und wir proponiren daher: dass nur drei Sammlungen erscheinen:

1. für Völkerrecht — als Fortsetzung der Martens'schen und Aegidi'schen Sammlung.
2. für äussere Politik — als Fortsetzung der Aegidi'schen Sammlung und der Pariser Archive.
3. für vergleichende Gesetzgebung als Fortsetzung der Archives der Revue de droit international unter Annectirung der zukünftigen Archive des internationalen Privatrechts.

Wir plaidiren für eine friedliche Vereinbarung und Vereinigung zu einem gemeinschaftlichen Unternehmen, weil uns nicht wahrscheinlich ist, dass eine der bestehenden Unternehmungen, so lange sie noch der Concurrenz der andern sich zu gewärtigen hat, von ihrem mannichfaltigen Inhalt Wesentliches aufgeben werde. Was wir also wünschen ist eine auch in Bezug auf die Herausgeber sich bildende internationale Association mit Aufrechterhaltung eines einheitlichen, die verschiedenen getrennten Sammlungen bindenden Programms. Diese Proposition kann leicht kleingläubigem Nationalismus als eine undurchführbare erscheinen, indess ist sie für die Zwecke der urkundenmässig zu begründenden Internationalität durchaus erforderlich. Wer Internationalität auf sein Banner geschrieben, muss auch das Mittel zum Zweck wollen. Die Unternehmer der bestehenden Sammlungen sind Deutsche, Franzosen und Belgier. Die ersteren beiden gehören Nationen an, welche trotz des Friedensstandes doch noch im Kriegszustande sich befinden. Aber wenn sie Völker einer internationalen Gemeinschaft sein wollen, und dass sie es wollen, müssen wir im Interesse der Cultur der Menschheit und des diese allein verbürgenden Weltfriedens annehmen, so müssen sie ihre Leidenschaften durch die Vernunft überwinden und sich unter das gemeinsame Recht stellen und dazu kann ihnen als Vermittler jenes germanisch-französische Ländchen dienen, auf dessen neutralem Boden schon so viele

der Menschheit würdige internationale Friedens- und Cultur-
werke gediehen sind und von welchem aus auch die Anregung
und Förderung des neu gegründeten Institut de droit international ergangen ist, welches Völkerrechtsmänner aller
Nationen und Staaten zur friedlichen Mitarbeit zu vereinigen,
bestimmt ist. Wir erachten daher die friedliche Vereinbarung
der Herausgeber der nur scheinbar nationalen, durch ihren
Zweck aber gebotenermaassen internationalen Sammlungen
für eine nothwendige Voraussetzung einer auf dem positiven Bestand fussenden gemeinsamen internationalen
Arbeit, für eine internationale That, mit der erst ein wahr-
heitsgemässer Ausdruck der Versicherung gegeben wird, dass
Frieden herrschen soll unter den Völkern und dass das di-
vide et impera weichen soll den viribus unitis. Solcher internationalen Arbeit ist freilich keine Auszeichnung pro virtute
militari, wol aber eine pro studio et labore in Aussicht gestellt und nach dieser letzteren müssen Culturmenschen eher
ringen als nach der ersteren. Der Frieden thut der Menschheit mehr Noth und gereicht ihr mehr zur Ehre als der Krieg,
und die Menschen wurden nicht nach dem e i n e n Bilde geschaffen, um einander zu vernichten, sondern neben einander
friedlich zu leben, ihrem Schöpfer zum Wohlgefallen. Dem
bellum omnium contra omnes sollte das pax vobiscum ein
Ziel setzen.

Die Zuverlässigkeit kann nur, falls die mitgetheilten
Actenstücke authentische sind, gewährt sein. Solche zu erlangen ist aber heute weniger schwierig als zur Zeit, wo Martens seine Sammlung begann, da eine Veröffentlichung, sowol
einzeln und in Gestalt der verschiedenen Blau-, Gelb-, Rothbücher u. s. w. in den gesetzgebenden Körpern, als auch in
den Vertragssammlungen der einzelnen Staaten, als auch in
Zeitschriften vor sich geht. Dass die Minister des Auswärtigen solche Veröffentlichungen zu unterstützen haben und
auch in der That jetzt schon unterstützen, wie es bei den
Pariser Archives diplomatiques der Fall zu sein scheint, ist
als unumgänglich gefordert und müsste diese Forderung durch
die gesetzgebenden Körperschaften schon zur Bildung und
zum Gebrauch ihrer Mitglieder wirksam unterstützt werden.

Die Vollständigkeit ist abhängig von der eben ge-
forderten Unterstützung und einem aufmerksamen Verfolgen
und sachverständigen Beachten der Verhandlungen und Acte
der Zeit durch die Herausgeber.

Die Einerleiheit der Sprache halten wir für unumgänglich. Auch noch jetzt werden verhältnissmässig die
meisten internationalen Actenstücke in französischer Sprache
abgefasst und haben sich in ihr diplomatische termini technici
gebildet, welche in anderen Sprachen sich nicht so leicht und
mit derselben bereits allgemein acceptirten Bedeutung wieder
geben lassen, sowie ebenso die Ausdrücke des römischen
Rechts unübersetzbar sind und nicht minder einige der Philosophie, besonders der Hegel'schen. Die französische Sprache
hat sich so durch den usus ein Recht erworben und hätte es,
trotz Ludwig XIV. diplomatischer Präponderanz und Napo-
leonischer Suprematie-Bestrebungen nicht erworben und behalten, wenn die Sprache nicht schon an sich, wegen ihrer
Bildungsfähigkeit und Volubilität, ganz besonders dazu sich
geeignet hätte. Weder die englische, noch die deutsche
Sprache sind wegen ihrer Schwerfälligkeit und grammatika-
lischen Schwierigkeit dazu geeignet, der französischen Sprache
Stelle einzunehmen. Bei der Wahl einer diplomatischen
Schriftsprache kann es nur zweckmässig sein, sich der in
ihrer Berechtigung dazu weniger angezweifelten diplomatischen
Verkehrssprache zu bedienen, und diese ist factisch, sowol
im Verkehr der Staaten, als der Souveraine und Diplomaten
noch immer die französische. Nationalitätsstolz wird bei der
Wahl einer Verkehrssprache unproductiv verwerthet und
wenn, um den Gebrauch der eigenen Sprache durchzusetzen,
Retorsion geübt werden sollte, so werden diejenigen Diplomaten, welche nicht eine gehörige Anzahl von Sprachen verstehen, die Verständigung unter einander in Rede und Schrift.
wegen der ihnen unverständlichen Sprache ganz aufgeben
müssen und werden die Völkerrechtsautoren, die nicht zugleich ausgezeichnete Linguisten und doch wenigstens ausser
der französischen, noch der englischen, deutschen und italiänischen Sprache mächtig sind, den durch die Sprache aus-
gedrückten Sinn vielfach nur ahnen können, anstatt ihn zu be-

greifen und so den in den Actenstücken sich erschliessenden
Reichthum sich ebenso zum Theil verschlossen sein lassen
müssen als die Werke, welche in für sie fremden Sprachen
geschrieben sind und deren Titel denn in der Regel auch weiter
verbreitet ist als ihr Inhalt. ·Wenn verschiedene Schriftsteller
sich auf eine und dieselbe Urkunde, welche aber in verschiedenen Sprachen wiedergegeben ist, berufen, weil ein
Autor besser die eine, der andere besser eine andere Sprache
versteht, so kann Das leicht zu einer Differenz schon bei der
grammatischen Interpretation führen, welche immer unlösbarer
wird und wird dann leicht aus sprachlichen Differenzen eine
logische wachgerufen werden. Wir erachten es daher für ein
absolutes Hinderniss, dass in Vertragssammlungen die Actenstücke in verschiedenen Sprachen erscheinen und ist das
mangelnde Verständniss verschiedener Sprachen ein sehr
wesentlicher Grund der so geringen practischen und wissenschaftlichen Verwerthung der veröffentlichten Actenstücke
gewesen. Wir bezweifeln nicht, dass die Pariser Archives
diplomatiques mit durch die Einheit ihrer Sprache bald alle
übrigen weiter erscheinenden Sammlungen in ihrer Verbreitung beeinträchtigen werden, wenn sie noch wie bisher rechtzeitige Veröffentlichung ihrer Actenstücke damit verbinden.
Der Ausweg durch Inhaltsangaben in verschiedenen Sprachen
kann hier wenig nützen, denn auf den Inhalt selbst kommt
es an, nicht auf ein Inhaltsverzeichniss.

Mit gutem Grunde ist früher die lateinische, später etwa
seit dem Zeitalter Ludwig XIV. die französische Sprache zur
diplomatischen auserkoren. Man empfand zunächst das Bedürfniss, sich in einer allgemein bekannten Schrift-, wenn
auch todten Sprache, sodann in einer lebenden, der Fortbildung der Zeit entsprechenden, modernen, für Alle verständ-
lichen Verkehrssprache auszudrücken, wobei dann im letzteren
Falle später die Verkehrssprache zur Urkundensprache ward.
Und wenn auch, wo die französische Sprache gebraucht wurde,
namentlich auf Congressen, wie dem Westphälischen und Wiener,
besondere Reservationen wegen dieses Gebrauchs in den
Schlussacten verlautbart wurden, damit für die Zukunft kein
Präjudiz daraus abgeleitet werde, so hat doch dadurch die

Brauchbarkeit derselben nicht angezweifelt und die immer
erneuerte Anwendung derselben nicht vermieden werden
können. Es erscheinen daher jene Proteste mehr nur als
Merkmale eines falsch angebrachten Selbstständigkeitsgefühls
und internationaler Unreife. Ueber die lateinische und französische Sprache als diplomatische sagt ein alter deutscher
Diplomat, Koelle [102]): „dass die französische Sprache beinahe
überall die Sprache der Unterhandlungen werden konnte,
scheint zu beweisen, dass es geschehen musste. Wenn das
Latein naturgemäss war, so lange Rom der Mittelpunkt der
europäischen Politik, Italien das civilisirteste Land der Erde
war, die Sprache Roms die allgemeine jeder höheren Bildung
war, so wurde das französische eine Transaction zwischen
der romanischen, germanischen und der neu hinzutretenden
slavischen akatholischen Welt, sobald Alles von den Höfen
aus- und auf sie zuging und Versailles eine Art Normalhofs
war. Jetzt schon würde es unmöglich sein, sie aus der Diplomatie zu verdrängen, aber die allgemeine Verkehrsprache
unserer Enkel wird doch wol die englische werden". Der
betagte Diplomat hat hier offenbar die in der Sprache selbst
liegenden Gründe ganz übersehen und dass die diplomatische
Sprache davon allein nicht abhängig sein kann, dass sie die
Sprache eines Centralpunktes der Politik ist, eine freilich
ziemlich geläufige, aber doch oberflächliche Auffassung. Was
würde dann für die Gegenwart daraus folgen und wie müsste
sie immerfort wechseln. Auch das Wesen der Sprache ist
entscheidend, ja es giebt den Ausschlag, wesshalb die englische, schwer auszusprechende Sprache, trotz der Anglomanie
der Gebildeten unserer Zeit nie zu einer allgemeinen Verkehrssprache wird. — Leutrum [103]) lässt der lateinischen
Sprache ihr Recht, weil sie als todte kein lebendes Volk vor
dem anderen bevorzuge, wogegen der Gebrauch der französischen Sprache die Franzosen im internationalen Verkehr

[102]) Koelle, Betrachtungen über Diplomatie. 1838. S. 304.

[103]) Leutrum, Beiträge zur Gestaltung der deutschen Diplomatie. Wien
1848. S. 28.

zum Nachtheil der übrigen Völker bevorzuge und findet es
recht, dass die Engländer ihren diplomatischen Verkehr mit
dem Auslande englisch führen. Für jedes Volk müsse die in
seiner eigenen Sprache abgefasste Urkunde die Rechtsbasis
sein, für deren gleiche Bedeutung die betreffende Diplomatie
zu sorgen habe, dagegen soll die französische Sprache im
mündlichen Verkehr verbleiben. — Wir haben diese, von unserer
abweichende Ansicht zur Verwirklichung des Audiatur et
altera pars angeführt, unsere Einwendungen dagegen können
nach unseren vorhergehenden Ausführungen nicht zweifelhaft
sein und bemerken wir nur noch, dass Leutrum offenbar hier
eine Bevorzugung der Sprache einer Nation für eine Bevorzugung der Nation selbst gehalten, eine jedenfalls zu irrigen
Schlussfolgerungen führende Begriffsverwechselung.

Die rechtzeitige oder die in so kurzer Zeit als möglich erfolgende Veröffentlichung der diplomatischen
Actenstücke scheint uns zum Gebrauch für Praktiker und
Theoretiker gleich wichtig. So wie Gesetze innerhalb eines
Staates zur Kenntniss Aller, die es angeht, sobald als möglich,
gelangen müssen, so müssen auch internationale Acte,
eben weil sie unmittelbar oder mittelbar Alle betreffen, in
kürzester Zeit überallhin verbreitet werden. Bezügliche Nachträge oder mit den veröffentlichten im Zusammenhange stehende
frühere Actenstücke, die augenblicklich vielleicht nicht zu
erlangen sind, können ja immer später alsbald nachgeliefert
werden. Auch das Völkerrecht ist kein unveränderliches,
sondern ein immerfort sich änderndes Recht, man kennt dasselbe aber im Einzelnen nicht, so lange man noch ein über-
wundenes Stadium für positiv hält. Beispielsweise hat die
oft verspätete Mittheilung von Auslieferungsverträgen eine
Bearbeitung der wichtigen Auslieferungsverträge, über welche
soeben ein umfangreiches Werk von A. Billot erschienen
ist[104]), wesentlich behindert und wären andererseits manche
Auslieferungsverträge auf breiterer Grundlage und in über-

[104]) Traité de l'Extradition suivi d'un recueil de documents étrangers
et des conventions d'extradition conclues par la France. Paris 1874.

einstimmenderer Weise abgeschlossen worden, wenn die contrahirenden Staaten vorher die weitergehenden Concessionen ihres Mitcontrahenten gegenüber anderen Staaten gekannt hätten.

Was endlich das Erforderniss der Uebersichtlichkeit der Sammlungen anbetrifft, so wäre, wenn die Zeitereignisse sich etwas mehr systematisch entwickeln wollten, allerdings auch eine systematische Reihenfolge der einzelnen publicirten Actenstücke möglich. Aber trotz aller Continuität in der Weltgeschichte kommen doch viele Irregularitäten vor und würde das Warten auf die systematische Zubehör oder den systematischen Schlussact manches Actenstück erst recht spät allgemeiner Verbreitung zugänglich machen und da ist es denn offenbar vorzuziehen, den systematischen Zusammenhang der chronologischen Folge des Geschehenen zum Opfer zu bringen und das durcheinander veröffentlichte durch Generalregister wieder später systematisch zusammenzufügen. Dass aber die Sammlungen dessenungeachtet ihr Material zu sichten und nicht alle ihnen zugehende Qualitäten sofort zur Veröffentlichung für geeignet zu halten haben, ist eine fortbestehende Forderung, denn eine Sammlung von Actenstücken darf kein mixtum compositum sein, ihr thut Einheit noth und muss dieser gehuldigt werden, soweit nicht periculum in mora.

3. Das Studium.

Die Völkerrechtsdisciplin muss als gleichstehend im Range mit den übrigen Disciplinen der Jurisprudenz, weil mindestens gleichstehend an Bedeutung, anerkannt werden. Der Völkerrechtsdisciplin ist aber bei Weitem nicht bisher die ihr gebührende Stelle angewiesen. Die erste Stelle nimmt im Bildungsgange der Juristen und an den meisten Hochschulen in den Rechtsfacultäten noch immer das Privatrecht ein, die zweite die Processe, die dritte das Criminalrecht, die vierte das Staatsrecht, die fünfte das Kirchenrecht, die sechste und letzte das Völkerrecht. Wir sind mit dieser Reihen-

folge ganz einverstanden, wenn die Kenntniss der übrigen
Rechtsdisciplinen für das Völkerrecht vorausgesetzt wird, wenn
dieses somit als die summa jurisprudentiae erscheint, als die
Hineinnahme und internationale Modification des nichtinter-
nationalen Rechts, denn das Völkerrecht verwerthet die Stoffe
und Sätze aller übrigen Rechtsdisciplinen und schützt sie im
internationalen Verkehr praktisch. Ohne Vorkenntnisse aus
den anderen Rechtsdisciplinen kann das Völkerrecht nicht
verstanden werden und ist daher das Studium oder Hören
des Völkerrechts vor einer der anderen Disciplinen ein ganz
vergebliches, weil kein Verständniss ursachendes. Wenn aber
das Völkerrecht blos aus mangelhafter Werthschätzung desselben hinten angesetzt wird, so müssen wir dagegen als
das Wesen und den Werth des Völkerrechts verkennend,
remonstriren, und diese Nichtachtung erweist sich aus der
Fürsorge für die Lehre des Völkerrechts an den Hochschulen.
Das Recht des Einzelnen, des engsten Kreises wird voran-
gestellt und das Recht der Gesammtheit, des Staates und der
weitesten Rechtsgemeinschaft — der Staaten — das Völkerrecht folgen hinten nach. Dem Völkerrecht ist, besonders
in Deutschland, kein besonderes Catheder eingeräumt, wie
das in Frankreich längst der Fall war, in Strassburg seit der
Mitte des vorigen Jahrhunderts, in Paris, wo es einen besonderen Professor für Diplomatie gab, in Russland an allen und
in Italien an mehreren Universitäten. Deutschland musste sich
hier und da an einer für Natur- und Völkerrecht combinirten
Professur genügen lassen, wobei das Völkerrecht im Lehr-
vortrage den letzten und kürzesten Abschnitt des Naturrechts
bildete und zugleich dadurch an eine Verbindung gekettet
war, welche demselben nur verderblich gewesen ist und dasselbe in das Reich der Träume verwies, welchem auch das
Naturrecht entstammte. Die erste derartige Misch- und
Lehnsprofessur unter der Oberlehnsherrlichkeit des Naturrechts
erlitt das Völkerrecht durch den Kurfürsten Karl Ludwig
von der Pfalz im Jahre 1661 in Heidelberg, welcher dieselbe
ganz eigens für Samuel Pufendorf, den Leugner des positiven
Völkerrechts, errichtete. Auch Leipzig erhielt eine derartige

Professur. So ward denn für die Lehre des Völkerrechts in Deutschland entweder gar nicht oder diesem zum Schaden gesorgt. Wo aber keine besonderen Professuren für das Völkerrecht bestehen, tragen Vertreter anderer, juridischer, politischer, philosophischer oder historischer Professuren das Völkerrecht vor. Hier aber gilt nicht das Wort: „variatio delectat" und erweist sich Das durch die meist schwach besuchten Auditorien. Nur ausnahmsweise hat aber auch das Völkerrecht tüchtige Vertreter, die zu hören sich lohnt, in der Regel sind sie in beiden Beziehungen untüchtig, sowol als Völkerrechtskenner, als auch als Lehrer desselben, wenn sie auch in anderen Disciplinen leistungsfähig sich erwiesen und mehr gehört wurden. Diese mangelhafte Fürsorge für die Lehre des Völkerrechts in Deutschland hat denn auch zu einer Nichtachtung der Disciplin durch die Studirenden geführt.

Vor wenigen Jahren schrieb ein an mehreren deutschen Universitäten thätig gewesener, beliebter Rechtslehrer und zugleich tüchtiger Kenner des Völkerrechts: „Kirchenrecht wird angenommen, selten auch nur gehört; Völkerrecht in den allerseltensten Fällen, wenn sich nemlich noch ein Docent bereit findet, es anzukündigen. Denn an Universitäten ersten Ranges ist es vorgekommen, dass während eines Decenniums sich Niemand erbot, Völkerrecht zu lehren". Derselbe Autor erklärte aus eigener Erfahrung den Bildungsgang des Juristen für durchaus einseitig — wesentlich privatrechtlich [105]), so dass ganzen Disciplinen des Rechts die Geltung als wirkliches Recht abgesprochen wird, weil die geläufigen Kategorien des Privatrechts darauf keine Anwendung finden, dass z. B. das Dasein des Völkerrechts völlig in Abrede gestellt wird. Er verlangt Reform des akademischen Rechtsstudiums in der Richtung auf Hebung der privatrechtlichen Einseitigkeit desselben, auf eine harmonische Ausbildung der juristischen Jugend und

---

[105]) Zeitschrift für deutsches Staatsrecht und deutsche Verfassungsgeschichte, herausgegeben v. L. K. Aegidi. Berlin 1867. Bd. I. S. 104 ff.

dass, um das gestörte Gleichgewicht herzustellen, auf das
Studium des Staatsrechts ein Hauptton gelegt werde, —
indess bedarf gleicher Rücksichtsnahme wie die übrigen
Rechtsdisciplinen auch das Völkerrecht. Aber schon Gustav
Fischer klagte in seiner noch immer viel zu wenig beachteten
Schrift [106]), dass unter den Juristen die Ansicht noch keineswegs verbreitet sei, dass ihre Bildung eine einseitige und
ungenügende bleibe, wenn ihnen die Staatswissenschaften,
welche nicht zugleich Theile der Rechtswissenschaft sind,
unbekannt geblieben. Sogar das Studium des Staats- und
Völkerrechts werde nur zu oft auf unverantwortliche Weise
vernachlässigt. Dagegen aber, dass man privatrechtliche
Kenntnisse als die wichtigsten Bestandtheile der wissenschaftlichen Vorbildung, selbst der Verwaltungsbeamten, betrachtet,
hatte schon früher von Mohl sich eingehend erklärt [107]).
Nicht minder hat Göppert [108]) bei Erörterung des Zwecks
der Universität: Lehranstalt für die künftigen Staatsbeamten
zu sein, ausgeführt, dass die heutigen Juristen so gut wie
ausschliesslich Privatrechtsjuristen seien und verlangt
er daher, dass den anderen Disciplinen in dem Studiencursus
mehr Raum geschafft werde, da das Studium der Juristen in dem Strafrecht und den Processen, ganz besonders aber im Staatsrecht, immer mehr in den Hintergrund trete. Ebenso forderte schon früher Hälschner [109]), dass
das Studium des Juristen sich über das ganze System
der Wissenschaft, namentlich auch über das
Völkerrecht erstrecke (S. 21) und hält er es für eine
wichtige Frage, ob das, was Preussen bisher für die Ausbildung seiner Diplomaten gethan, irgend genügen könne

---

[106]) G. Fischer, Ueber die Errichtung staatswissenschaftlicher Semina-
rien auf den deutschen Universitäten nebst einem Bericht über das staats-
wissenschaftliche Seminar zu Jena. Jena 1857. S. 86.

[107]) s. d. Zeitschrift für die gesammte Staatswissenschaft. Bd. II.
S. 147—153.

[108]) Göppert, Bemerkungen zu dem Entwurf eines Gesetzes über die
juristischen Prüfungen etc. Berlin 1869. S. 10 ff.

[109]) Hälschner, das juristische Studium in Preussen. Bonn 1859.

und ob die preussischen Universitäten füglich länger zurück-
bleiben können. Wie gross aber die Unwissenheit in Bezug
auf das Völkerrecht ist, ersieht man aus der Schrift von
Hälschner's Gegner: Hagen's [110]), welcher meint, „dass das
positive Völkerrecht zweckmässig auf anderen
Gebieten der Rechtswissenschaft behandelt
werde, auf den Gebieten der Nationalökonomie und des
Handelsrechts" (S. 15).

Zur Einweisung des Völkerrechts in die ihm gebührende
Stellung erscheint uns dreierlei erforderlich:

1) die Stiftung von Professuren des Staats- und Völkerrechts;

2) die Erhebung beider Fächer zu obligatorischen bei
sämmtlichen juristischen Staatsprüfungen;

3) eine strenge Prüfung Derjenigen in den beiden publicistischen Disciplinen, welche in den diplomatischen
Dienst treten wollen.

In Italien hatte die Regierung im Jahre 1865 eine öffentliche Bewerbung um den Lehrstuhl des internationalen Rechts
an der Universität Pavia ausgesprochen. Es meldeten sich
zu derselben eine grosse Anzahl von Candidaten, darunter
später berühmt gewordene Völkerrechtsschriftsteller wie
Ercole Vidari, Pasquale Fiore, Emmanuele Muratori, Pietro
Esperson u. A. Mehrere Bewerber wurden wegen ihrer
Schriften würdig gefunden, das Catheder als Professoren einzunehmen. Mit Bezug hierauf sagt Pierantoni: „Talente
sind wie Pflanzen, wenn sie günstigen Boden finden, so tragen
sie gute Früchte" [111]). Dennoch klagt er, dass die seit so
kurzer Zeit in Italien von allen früher vorhandenen Fesseln
und Banden befreite Wissenschaft, obwol sie bereits die
besten Früchte getragen und trotz der Vortheile, die
sie verspricht, seit einiger Zeit im Systeme des öffentlichen Unterrichts mindere Beachtung finde, und zwar aus

---

[110]) L. Hagen, das juristische Studium. Cöln 1859.
[111]) In seiner Geschichte der italiänischen Völkerrechtsliteratur.
S. 188 ff.

dem Grunde, weil der erste und mächtigste Impuls, der ihr
dadurch gegeben wurde, dass an jeder Universität ein
eigener Lehrstuhl dafür (sc. das Völkerrecht) errichtet ward,
durch die Verwaltungsbehörden der italiänischen Hochschulen
wieder paralysirt worden sei. Denn seit einem Jahre werde
der Unterricht im internationalen Recht den Professoren der
Rechtsphilosophie oder jenen des Verfassungsrechts übertragen, ohne dass früher untersucht worden wäre, ob diese
sich für den ihnen zugewiesenen Vortrag durch eingehendes
Studium vorbereitet hätten, ob sie Vorliebe für diesen Zweig
der Wissenschaft fühlten. Die natürliche Verwandtschaft der
Wissenschaft unter einander genüge durchaus nicht, um die
Ueberzeugung zu erwecken, dass derjenige, der eine davon
in vorzüglicher Weise vertritt und vorträgt, auch die anderen
ebenso vertreten und vortragen könne. Mehrere Zweige
des Wissens einem einzigen Lehrer zur Pflege, zum Vortrage darüber zuzuweisen, sei ein Missgriff, es werde damit
das bedeutungsvolle Gesetz der Arbeitstheilung gestört, durch
welches das Fortschreiten der Wissenschaften bedingt sei.
Was würde aus dem Unterrichtswesen werden, wenn ein
Professor, seinem eigenen Streben entgegen, mit zwei Lehr-
fächern [112]) belastet würde und der Vortrag über inter-

---

[112]) Dieser Forderung entgegen tragen aus eigenem Antriebe Professoren an deutschen Rechtsfacultäten die verschiedenartigsten Rechtsdisciplinen vor und ist namentlich der Vortrag des deutschen Staats- und
Privatrechts ersterem wahrlich nicht zum Nutzen, da es dadurch, dem
Vortragenden oft unbewusst, privatrechtlich inficirt wurde, durch eine und
dieselbe Lehrkraft sehr häufig.   Aber noch stärkere Häufungen finden
statt, so z. B. trägt ein und derselbe Lehrer Institutionen und römische
Rechtsgeschichte, Civil- und Criminalprocess und Staatsrecht vor und ist man
geneigt solche Leistungsfähigkeit zu bewundern; indess ist Das eine, weder
dem Lehrer noch den Hörern nutzbringende Zerstückelung der Kraft, welche
concentrirt wahrlich weit mehr und besseres leisten müsste.   Andere Professoren versuchen sich in allen möglichen Disciplinen. Diese Vielleserei
hat denn auch zu der Annahme geführt, dass besondere Professuren für
jede einzelne Disciplin, wie in anderen Facultäten, der juristischen durchaus nicht nöthig seien und ist auch mit desshalb die Zahl der Professuren
der juristischen Facultät relativ die geringste.

nationales Recht mit jenem über constitutionelles, über Verwaltungsrecht, über Nationalökonomie oder über Rechtsphilosophie verbunden werden sollte. Würde es ihm gelingen, in der nicht langen Zeit zweier Semester allein Das zu vollbringen, was früher die Aufgabe zweier Männer war? Würde er die einzelne Wissenschaft in ihrer ganzen Ausdehnung erfassen können, wenn er sich derselben nicht von Anfang an und andauernd gewidmet hätte? Wenn zwei Lehrfächer in Einer Person vereinigt würden, entstehe die Gefahr, dass diese sie in kurze summarische Zusammenstellungen verbinde und vortrage, die nur die Oberfläche des Gegenstandes berühren und niemals tiefer hineindringen würden. Daraus entständen die bei allen Studien längst wahrgenommenen Nachtheile und der Schatz des nationalen Wissens bleibe fort und fort auf der gleichen niederen Stufe stehen.

Im Anschluss an diese Erörterungen verlangte Pierantoni ein neues Gesetz über die Einrichtung der Universitäten in Italien, damit den Männern, welche ihr Leben den Wissenschaften und der Literatur gewidmet hätten, jene Ruhe, jene Sicherheit wiedergegeben werde, die für den Lehrenden, wie für den Lernenden gleich nothwendig sei. Wenn alle (?) civilisirten Völker sich jetzt der Verbreitung des Unterrichts im öffentlichen Recht freuen könnten, so sei wol zu erwägen, dass jener im Völkerrecht Vorzüge in sich berge, die sich sofort über die Grenzen des Landes hinaus fühlbar und geltend machten.

Was hier für Italien gesagt ist, gilt allgemein. Es gilt der Lehre des Völkerrechts in allen civilisirten Staaten eine erhöhte Aufmerksamkeit zuwenden, eine würdige Vertretung an den Hochschulen sichern, einem Recht, das über allen anderen Rechten stehen und sie schützen soll und das in Zeiten der Noth von den Staaten oft angerufen wird. Wie kann und darf einem solchen Recht eine geringe Beachtung zu Theil werden? Darf man einem Staat, der für die Lehre des Völkerrechts hinreichend zu sorgen unterliess, wol zutrauen, dass er überhaupt auf das Völkerrecht einen Werth lege oder gar es achte, muss man nicht vielmehr von einem

solchen Staat voraussetzen, dass er es vorziehe, durch die
Vorschriften des Völkerrechts nicht genirt, die Politik freier
Hand zu treiben, welche die Politik der Selbstsucht ist, die
von einer bindenden Rechtsgemeinschaft der Staaten nichts
wissen will, sondern nur allenfalls das Völkerrecht gelegentlich
als Kriegsraison anzieht.

Wenn wir blos eine combinirte Professur für Staats-
und Völkerrecht desiderirten, so geschah es, weil diese beiden
Fächer in naher Verbindung zu einander stehen, und dem
Vortragenden selbst diese Verbindung sehr dienlich ist, da
er viele staatsrechtliche Begriffe modificirt im Völkerrecht
verwerthen kann und vor Allem das Subject des Staatsrechts:
der Staat, das des Völkerrechts: die Staaten sind. Wogegen
die Modification der privatrechtlichen Lehren für das Völkerrecht diesem wesentlich geschadet hat und nie hätte vorgenommen werden sollen, da die Subjecte hier verschiedene
sind: im Privatrecht die Einzelnen, im Völkerrecht die Staaten. Dass die privatrechtliche Nachbildung sich daraus
erklären lässt, dass das Privatrecht zur Zeit der ersten Anfänge der Völkerrechtswissenschaft die einzige systematisch
und dogmatisch ausgebildete Rechtsdisciplin war, geben wir
zu, dass aber nach mehr als zwei Jahrhunderten noch immer
privatrechtliche Nachbildung stattfindet, ist nur ein Beweis
der gedankenlosen Arbeit für die Völkerrechtswissenschaft,
die auf den eingetretenen Pfaden fortwandelt, ohne sich zu
einem Nachdenken darüber zu erheben, ob die betretenen
Wege die richtigen und zum Ziele führenden sind. Die
mangelhafte Arbeit aber für die Völkerrechtswissenschaft ist
geursacht durch die mangelhafte Lehre und das aus dieser
folgende mangelhafte Erlernen des Völkerrechts an den
Hochschulen. Die Entwickelung einer Wissenschaft ist in
der Regel abhängig von der Achtung und Pflege derselben
an den Hochschulen, ja allein an diesen, wenn, wie bei den
Rechtsdisciplinen, die Pflege meist an Academien der Wissenschaft nicht stattfindet. So lange ferner das Völkerrecht
nicht bloss von Juristen, sondern auch von Philosophen,
Historikern, Politikern vorgetragen wird, ist eine Lehre und

ein Erlernen von den verschiedenartigsten Standpuncten nothwendige Folge und weisen auch die Lehrbücher solche uner-
freuliche Mannichfaltigkeit auf, indem wir in denselben häufig,
anstatt allein gebührender, rein juristischer Construction und
Lehre, philosophische Abstractionen, allgemeine historische
Belege und politische Erwägungen finden. Dass der Zustand
der Lehre an der Hochschule zurückwirke auf die Literatur
des Völkerrechts, finden wir für diejenigen Länder bestätigt,
in welchen das Völkerrecht seit langer Zeit einer sorgfältigen
Berücksichtigung an den Hochschulen sich erfreut. Wir
glauben, dass Geyer [113] „den Männern der Wissenschaft“,
welche auch auf diesem Felde als „Pioniere der Zukunft“
aufgetreten sein sollen, zu viel Ehre anthut und die Leistungen
anderer Nationen zu geringschätzig beurtheilt, wenn er den,
jedenfalls keine umfassende Kenntniss der nicht deutschen
Völkerrechtsliteratur verrathenden Ausspruch thut, „dass die
Völkerrechtswissenschaft seit Hugo Grotius fast nur durch
Deutsche oder Deutschgebildete weiter entwickelt worden sei“.
Die geringe Achtung des Völkerrechts an den deutschen
Hochschulen, besonders in unserem, weniger im vorigen Jahrhundert, wir erinnern nur an die Göttinger Publicisten, hat
eine solche vorherrschende Arbeit für das Völkerrecht
wesentlich behindert. Wir wollen dagegen uns erlauben an
das Vaterland des Vaters der Völkerrechtswissenschaft zu
erinnern, nicht blos aus der Zeit der Wirksamkeit von Den
Tex und De Wal, sondern auch bis in die neueste Zeit
hinein. Unstreitig ist die Zahl der holländischen Dissertationen
aus dem Gebiete des Völkerrechts nicht nur relativ die grösste,
sondern sind auch die Arbeiten selbst ernst-wissenschaftliche,
kernige Arbeiten, nicht nur Zweckschriften zur Erlangung
des Doctorhuts. Die „commentatio de juris gentium studio
in patria nostra post Hugonem Grotium“ von Dirk Graf
van Hogendorp (Amstelodami 1856), welcher leider im
Jahre darauf der Wissenschaft entrissen wurde und schon in

---

[113] Geyer, Ueber die neueste Gestaltung des Völkerrechts. Inns-
bruck 1866.

seinem 23. Lebensjahre verstarb [114]), giebt uns einen sprechen-
den Beweis für die grosse Zahl von Völkerrechtsschriftstellern
in diesem kleinen Lande und von der Tüchtigkeit ihrer Leistungen. Diesem Werke steht für Italien zur Seite die mehrfach von uns angeführte Geschichte der italiänischen Völkerrechtsliteratur von August Pierantoni, welche nach der nationalen Erhebung und Einigung Italiens einen neuen Aufschwung genommen und deren Leistungen gewiss in weiteren
Kreisen von Gelehrten und anderen Ländern mehr Beachtung
gefunden hätten, wenn sie nicht meist nur in italiänischer
Sprache erschienen wären und wenn sie nicht den Nationali-
tätsstandpunct im Völkerrecht zu sehr betont, ja über jeden
anderen erhoben hätten. Zum Belege der Leistungen und
Studien der Engländer und Amerikaner glaubten wir auf eine
ähnliche Arbeit für diese Nationen rechnen zu können, indess
haben uns solche nicht vorgelegen und weisen die allenfalls
dem Titel nach eine Vermuthung für solchen Inhalt anspre-
chenden Schriften wesentlich andere Aufgabe und anderen
Inhalt nach wie eine Analyse der beiden nachfolgend zu
besprechenden Schriften ergiebt.

Zunächst könnte man versucht sein, eine vielfach abge-
druckte und in eine fremde Sprache übertragene Rede von
Sir James Mackintosh „über das Studium des Natur- und
Völkerrechts" hierher zu rechnen, indess ist es nur ein aus-
geführtes Programm in einer Antrittsvorlesung aus dem Jahre
1799 [115]). Das Studium wird in dieser Rede ganz unberück-
sichtigt gelassen. Der Verfasser will nur eine leichte und
kurze Skizze über den derzeitigen Zustand der Wissenschaft
geben und mehr leistet er auch nicht. Er meint, dass das
Völkerrecht zu jener Zeit, also schon am Ausgange des 18.

---

[114]) Vgl. Gersdorf's Repertorium. Leipzig 1857. Jahrg. XV. Bd. IV.
Hft. 3. S. 179 und v. Kaltenborn's Recension in Schletter's Jahrb. der
deutschen Rechtswissenschaft. Erlangen 1857. Bd. III. Hft. 2. S. 144.

[115]) Diese Rede wurde in's Französische übertragen zunächst von
Royer-Collard und sodann von Pradier-Fodéré, die erstere Uebertragung
ist der Ausgabe Vattel's von 1835 vorausgesandt, die letztere der von 1863
angefügt. Wir benutzten die letztere.

Jahrhunderts, sehr viel von der Präcision und Gewissheit des
positiven Rechts habe und lobt die Milderung des Kriegsrechts im 18. Jahrhundert. Nach dieser, der Wirklichkeit
nicht entsprechenden Schönfärberei lobt und tadelt er Vattel
und zwar tadelt er ihn wegen seiner zweideutigen und ge-
fährlichen Principien. Erst an fünfter Stelle will er das Völkerrecht behandeln und anfügen will er demselben ein diplomatisches und conventionelles Recht Europa's. Das sind die Grundzüge des dem Verfasser wesentlich eigenthümlichen Inhalts einer
überschätzten und besonders heute wenig mehr brauchbaren
Studie. — Auch die ähnlichen Titel führende Introduction to
the study of international law von Woolsey (New York, 1870,
2. edit.) enthält nur kurze, aber gute Bemerkungen über das
Studium des Völkerrechts, ist aber im Uebrigen ein Lehrbuch in zwar knapper, aber guter Form und eignet sich zum
ersten Studium des Völkerrechts jedenfalls besser als Phillimore's vier gewaltige Bände: Commentaries upon international law, London, 2. ed. 1871. Woolsey hält das Studium des
Völkerrechts als eines index of civilisation nicht blos für den
Juristen, sondern auch für den Historiker von Wichtigkeit, „welche allerdings leider vom Völkerrecht oft wenig wissen
und doch viel von ihm sprechen", und für dazu geeignet, den
Rechtssinn zu entwickeln; jeder gebildete Mensch
müsse das Völkerrecht kennen, weil er ein verant-
wortliches Mitglied der politischen Gesellschaft sei (S. 355). —
Wir können dieser Forderung nur beistimmen, wissen aber
auch, dass sie noch längst nicht erfüllt ist, da die genaue
Kenntniss dieses Rechts häufig nicht ein Mal Denjenigen
eignet, von welchen sie zuerst, ihres praktischen Berufs wegen, erwartet werden müsste: den im Ministerium des Auswärtigen functionirenden Personen. Es haben daher einige
Staaten sich veranlasst gesehen, namentlich Preussen, Russland und Oesterreich, die in das Ministerium des Auswärtigen eintretenden Aspiranten einer Prüfung zu unterziehen
und zwar nicht blos in rechtlichen, sondern auch ganz sachgemäss in politischen und historischen Fächern. Diesem Beispiel wäre von andern Staaten, soweit Solches nicht schon

geschehen, was uns unbekannt ist, Nachfolge zu wünschen und
möchten unseres Erachtens Gegenstände einer solchen Prüfung sein:

1) die Weltgeschichte und Geographie, welche letztere
   Kenntniss bei Grenzrectificationen vermisst wurde und
   deren Unkenntniss noch bei zwei wichtigen Friedensver-
   handlungen aus den letztvergangenen Jahrzehnten unseres Jahrhunderts zur Correctur bereits gefasster Beschlüsse und abgeschlossener Verträge Veranlassung gab;

2) die Geschichte des Völkerrechts, äussere und innere
   Rechtsgeschichte;

3) das Völkerrecht, mit Einschluss des in dasselbe gehörenden Gesandtschaftsrechts;

4) die äussere Politik;

5) das positive Staatsrecht der europäischen und ame-
   rikanischen Staaten;

6) die politische Oeconomie;

7) die vergleichende Statistik der Culturstaaten;

8) die französische, deutsche, englische und wol auch
   italiänische Sprache.

Nur die sub 6 und 7 ausgesprochene Forderung bedarf
einer Erörterung. Kenntnisse in diesen beiden Wissens-
fächern sind z. B. zum Abschluss von Handelsverträgen, den
der Gattung nach häufigsten Verträgen, unentbehrlich und
ist der Mangel dieser Kenntnisse schon oft sehr empfunden
worden. Die Statistik soll den Diplomaten über die Zustände der Staaten aufklären. Sie ist, wie schon der alte
Schloezer sagte, die stille stehende Geschichte, wie sie aber
in neuerer Zeit allgemeiner genannt wird: die Zustandswissen-
schaft [116]. Freilich ist die Nothwendigkeit von besonderen
Lehrvorträgen über die Statistik noch sehr wenig gewürdigt
und bestehen so gut wie gar keine besonderen Professuren
an Hochschulen für dieses wichtige Fach, das vielfach nur

---

[116] Die Relazioni der Gesandten Venedigs enthielten sehr werthvolles
statistisches Material, man hat sie sogar als die ersten Anfänge der Statistik bezeichnet.

als Beigabe der politischen Oeconomie gelehrt wird. Die wenigen Handbücher der Statistik entsprechen gerade auch nicht dem Lernbedürfniss, stehen nicht auf der Höhe der Wissenschaft und werden nicht ein Mal häufig genug nach den neuesten Ermittelungen zahlen, geschweige denn begriffsmässig, umgearbeitet. So giebt es denn für das Studium der Statistik, auch des zukünftigen Diplomaten, in der Regel nur eine Art von Institutionen als ultimum refugium: die statistischen Seminare in Berlin, Wien, Jena und München und die École pratique des hautes études als Section des sciences économiques in Paris. Das mit dem Königl. Preussischen statistischen Büreau[117]) verbundene Seminar[118]), an dessen Spitze nicht bloss eine ausgezeichnete Persönlichkeit und europäische Celebrität: der Dr. Engel steht, sondern das auch eine ausgewählte, schon 1872 von Puslowski (S. 140) auf 50,000 Bände geschätzte, bald mit einem, auf den ganzen Büchervorrath sich erstreckenden gedruckten, Katalog versehene Bibliothek[119]) (1873 wurden schon die Bogen 26—36 gedruckt) benutzen kann, wurde am 5. November 1862 eröffnet. Zwar ist es zunächst für jüngere Juristen und Kameralisten bestimmt, welche ihre Befähigung zum höheren Justiz- und Verwaltungsdienst durch Absolvirung der letzten Staatsprüfung documentirt haben, indess ist der Zutritt in besonderen Ausnahmsfällen auch Anderen, ja selbst Ausländern gestattet und können mit Erlaubniss des Directors auch einzelne Vorträge gehört werden. Von Vorträgen, welche den Diplomaten nothwendig sind, wurden daselbst nicht nur statistische, sondern auch politisch-öcono-

---

[117]) S. über das Büreau die Schrift von Leon Puslowski. Berlin 1872.

[118]) S. über das Seminar Engel's Schrift, Berlin 1864, Puslowski S. 108 ff. und die Berichte in der Zeitschrift des statistischen Büreaus, für die neueste Zeit die im Sonderabdruck erschienene Schrift: „die Verwaltung des königlich statistischen Büreaus im Jahre 1873 von Dr. Engel". S. 10. III.

[119]) S. über die Bibliothek, die wir übrigens aus eigener Anschauung hochschätzen gelernt haben, Puslowski S. 134 und die zuerst im V. Jahrgange der Büreau-Zeitschrift publicirten Bibliographien.

mische, im verflossenen Wintersemester 1873/74 von Dr.
Engel vor 42 Zuhörern eine Vorlesung über Theorie und
Technik der Statistik, und von Professor Dr. Wagner ein
politisch-öconomisches Praktikum, gehalten. Unter den Zuhörern eines von Engel früher über die „Physik der Gesellschaft"
gehaltenen Vortrages befanden sich auch „Mitglieder von
Gesandtschaften" in Berlin (Puslowski l. c. 124) — In
dem staatswissenschaftlichen Seminar zu Jena [120]) wurden die
wichtigsten Lehren des Staats- und Völkerrechts zum
Gegenstande der Uebung gemacht von einem anerkannten
Juristen: dem Professor Michelsen, auch hat dasselbe, schon
in Gemässheit seines Statuts, sich vorzugsweise mit solchen
Fragen aus dem Staats- und Völkerrecht (ausserdem
aus der Nationalöconomie, der Staatsverfassungs- und Staats-
verwaltungslehre) zu beschäftigen, die von praktischer
Wichtigkeit sind und bei deren Lösung die Theorie in
umfassende Anwendung kommt, und wird verlangt, dass dabei die Resultate der Geschichte und Statistik stets sorgfältig
in Betracht gezogen werden. Der in das Seminar Eintretende
muss aber nachweisen, dass er akademische Vorträge über
die wichtigsten Zweige der Staatswissenschaft, mindestens
über Staatsrecht, Politik und Nationalöconomie gehört hat.
Hierbei wird also das Völkerrecht nicht gefordert, wie denn
auch sowol Völker- als Staatsrecht ursprünglich nicht unter den
Wissenschaften genannt waren, auf welche sich die Uebungen
des Seminars beziehen sollten, was alles nur als eine Nach-
wirkung der geringen Achtung des Völkerrechts an deutschen
Hochschulen zu betrachten ist. Endlich sollten öffentliche
und private Vorlesungen so eingerichtet werden, dass die
Studirenden durch dieselben auf die Theilnahme an dem
Seminar gründlich vorbereitet werden. — Falls das Jenaer
Seminar noch in der eben geschilderten Weise fortbesteht und
die Prüfungen im Staats- und Völkerrecht hinzutreten, so erscheint es, seiner Organisation nach, auch zur Vorbereitung für
den äusseren Verwaltungsdienst ganz geeignet. Indess bleibt die
Frage eine offene, ob es nicht an der Zeit sei, entweder ein be-

---

[120]) S. über dasselbe Gustav Fischer l. c. 103 ff.

sonderes diplomatisches Studium, — wie es an der Universität
Dorpat, an welcher der Verf. lehrt, seit mehreren Decennien besteht, — an den grösseren Hochschulen in den Hauptstädten,
damit den Studirenden auch die Archive des Ministeriums
des Auswärtigen zugänglich sind, einzurichten oder an denselben ein auf diplomatische Ausbildung speciell abzielendes
Seminar. Jedenfalls kann der Wahrheit gemäss, wenn auch
mit Bedauern, constatirt werden, dass die Durchschnittsbildung der Diplomaten eine für ihren wichtigen Beruf ungenügende, eine namentlich wissenschaftlich nicht begründete
ist, und dass allgemeine Begabung und Routine, Gewandtheit,
elegante Erscheinung und allenfalls einige Sprachkenntnisse
in der Regel als genügende Eigenschaften erscheinen. Vielfach werden die Diplomaten noch anderen Berufskreisen,
namentlich militairischen, selbst in Deutschland, entnommen,
wird mehr auf Repräsentation als Erudition, mehr auf oberflächliche Kenntniss fremder Sprachen als auf eingehende
Kenntniss von Staatswissenschaften gesehen und kommt der
Vorzug der Abstammung mehr in Betracht als der Vorzug
der Kenntnisse, wiegt die Salonbildung schwerer als die
wissenschaftliche Durchbildung.

Zunächst müssten unseres Erachtens s t r e n g e Prüfungen,
nicht blos zum Schein, in den oben angegebenen Fächern
und Sprachen von den Candidaten für den auswärtigen
Staatsdienst als S t a a t s e x a m i n a gefordert werden, damit
die Arbeit für die wichtigen Staatsverhältnisse von wirklich
Sachkundigen, nicht blos von Routiniers gehandhabt werde,
und damit der Minister des Auswärtigen nicht einer Auswahl
sachverständiger Candidaten zur Besetzung der ihm untergeordneten Stellen entbehre und nicht, aus Mangel an solchen,
die ihm zu Gebote stehenden wenigen Sachverständigen im
Ministerium selbst zu verwenden sich genöthigt sieht, die
Unkundigen aber auf Reisen schickt zur Bekleidung der
wichtigen Gesandtschaftsposten und sie dann unaufhörlich zu
instruiren hat die wegen mangelnder sachlicher Vorkenntnisse
leider wenig gelehrigen Schüler.

Sicherlich giebt es keine Diplomatie als Wissenschaft,

aber gewiss giebt es ein für den Diplomaten nöthiges Wissen
und reichen zur Erlangung desselben keineswegs die guten
Rathschläge erfahrener Diplomaten aus, welche vor einigen
Jahren eine eigene Literatur bildeten. Aber selbst in diesen
Schriften wird auf die Nothwendigkeit reeller Kenntnisse hingewiesen, z. B. von Hoffmann in seinen Conseils à de jeunes
diplomates (Paris, 1841), welcher ausdrücklich für die Diplomatie und diejenigen, die sich ihr widmen, nicht nur
austérité des principes, sondern auch connaissances réelles
fordert (Préf. III.). — Koelle (l. c.), welcher „nach einer 30-
jährigen diplomatischen Laufbahn, während welcher Zeit er
sich bemühen musste, einen Beruf klarer zu erfassen, welcher
ihm wurde, ohne dass besondere Vorbereitung 'auf denselben oder thätige Anleitung in demselben ihn gefördert
hatte", eine Lage, in der sich die plötzlich auf Gesandtschaftsposten Erhobenen noch heute befinden, klagt darüber, dass
man in neuerer Zeit [121]) in vielen Staaten zu ausschliesslich
auf vornehme Erziehung sehe, wenn man unter dem Drange
der Bewerber für diplomatische Posten ausgewählt, ja dass in
manchen Staaten der Adel es als eine Verletzung der Vorrechte, seines Eigenthums ansehe, wenn ein Bürgerlicher Gesandter werde (S. 94) und meint, dass Rechtswissenschaft und Sprachen auch dem vornehmsten Diplomaten
nicht abgehen sollten, hält die Kenntniss der französischen
Sprache nicht für genügend (S. 74) und dass, so förderlich
das Studium der Geschichte für die Ausbildung eines Diplomaten sei, dieser dennoch hierbei einen eigenen Weg ein-
schlagen müsse, wobei Koelle den von Ranke für die politische Geschichte eingeschlagenen empfiehlt (S. 90). Endlich
constatirt er, dass man statt höherer Bildung sich für den
Staatsdienst abrichten lasse (S. 77), während Gelehrsamkeit

---

[121]) Wer über die bessere frühere Zeit Aufschluss erlangen will, findet
ihn in Raumer's historischem Taschenbuch Neue Folge 2. Jahrgang 1841.
373—515 in Alfred v. Reumont's „Italiänische Diplomatie und diplomatische
Verhältnisse von 1260—1550", welche erstere so hervorragende Persönlichkeiten aufweist wie Brunetto Latini, Dante Alighieri, Petrarca, Boccaccio
und Machiavelli.

einen Diplomaten sehr ziere, besonders wenn sie sich nicht auf unfruchtbares Wissen beschränke. Ein anderer deutscher Diplomat: Leutrum (l. c.) fordert (S. 14) vom Diplomaten ein umfassendes Studium der Geschichte, Nationalöconomie, Statistik und Politik, Staats-, Völker- und Handelsrecht, Kenntniss der Rechts- und Verwaltungsverhältnisse des eigenen und fremden Landes u. s. w. Ein französischer Diplomat, der Graf Garden, hat in seinem Code diplomatique de l'Europe oder Principes et maximes du droit des gens moderne (es erschien nur der erste Theil in Paris und ohne Jahreszahl) ausgesprochen, dass das Völker- oder internationale Recht und die Diplomatie die Basis eines umfassenden Systems von Kenntnissen bilden (Exposition I) und dass die Diplomatie als Wissenschaft die „science des relations extérieures ou affaires étrangères des États" sei (S. 40). Er fordert in dem, den Études diplomatiques gewidmeten Abschnitt (S. 99) vom Diplomaten gründliche Kenntnisse in der Geschichte, — aufgehellt durch das Studium und den Vergleich der einem jeden Lande eigenthümlichen Interessen und Institutionen, — in der Geographie, Statistik, politischen Oeconomie und dem öffentlichen Recht aller Völker; ferner allgemeine Begriffe von der Kriegskunst und ausserdem Bekanntschaft mit der Genealogie der regierenden Häuser, Heraldik und Diplomatik.

Ein anderer französischer Diplomat, früherer Gesandter, Deffaudis (Questions diplomatiques et particulièrement des travaux et de l'organisation du ministère des affaires étrangères, Paris 1849) anerkennt, dass die Regierung der französischen Republik den Grund gelegt zu einem speciellen diplomatischen Studium, welche Maassregel er längst herbeigewünscht habe. Immer habe er die Errichtung von Cursen und speciellen Examina für die diplomatische Carrière gewünscht, weil längst vor 1789 ein Cours de droit public in Strassburg Zuhörer aus verschiedenen Theilen Europa's herbeigezogen habe, weil zur Zeit solche Curse nur im Auslande existiren, und weil hierdurch allein aus der diplomatischen Laufbahn ein wahrer Beruf entstehen könne.

So sehr nun diesen Forderungen aus der Mitte der Praxis

heraus Beachtung zu schenken ist, wenn sie auch wie z. B.
die von Garden's‘ zum Theil zu weit gehen, so darf doch nicht
daraus der Trugschluss gezogen werden, dass die Diplomatie
als eine besondere Wissenschaft gelehrt werden müsse. Diesen
Irrweg hat Poelitz betreten. Im fünften Bande seiner „Staatswissenschaften im Lichte unserer Zeit (Leipzig 1828)“, hat er
neben dem praktischen Völkerrecht auch noch die Diplomatie
und Staatspraxis behandelt. Er nennt (S. 257 ff.) die Diplomatie e i n e n e u e n t s t a n d e n e W i s s e n s c h a f t und will
den ersten Versuch wagen, sie als selbstständige Staatswissenschaft durchzuführen und zu begründen. Er nennt sie die systematische Darstellung der. Kenntnisse, Rechte und Pflichten,
welche von den diplomatischen Personen zu den politisch-di-
plomatischen Unterhandlungen mit auswärtigen Staaten gefordert werden. Darnach soll ihr Zweck enthalten sein in
der vorbereitenden wissenschaftlichen Bildung der diplomatischen Personen, welche dereinst· die diplomatischen Unterhandlungen mit auswärtigen Staaten üben sollen, und müsse
die Diplomatie:

1) eine Uebersicht über die wissenschaftlichen Kenntnisse, welche von den diplomatischen Personen gefordert werden, enthalten,

2) die Rechte und Pflichten der im Auslande angestell-
   ten diplomatischen Agenten darstellen (das eigentliche
   Gesandtschaftsrecht), und

3) die auf Geschichte und Staatskunst beruhenden allgemeinen Grundsätze für die Unterhandlungskunst
   mit auswärtigen Staaten entwickeln.

Die dritte Rubrik ist auf vier Seiten erledigt, die zweite gehört in das Völkerrecht, die erste enthält einen ausgeführten
Studienplan, wobei übrigens, da nach der angeführten Meinung Flassan's und Klueber's die s. g. politischen Academien
oder diplomatischen Pflanzschulen (pépinières diplomatiques)
geringen Erfolg hatten, für hinreichend gehalten wird, dass
das Studium der Staatswissenschaften auf den U n i v e r s i -
t ä t e n von Seiten der Regierungen ermuntert und unterstützt
und nach einem in sich zusammenhängenden Plan angeordnet

werde. — Schon in der Mitte des vorigen Jahrhunderts (1749)
errichtete der berühmte Staatsgelehrte Johann Jacab Moser
und dirigirte bis 1751 in Hanau eine Staats- und Kanzlei-
akademie zum Dienst junger, von Universitäten und Reisen
kommender Standes- und anderer Personen, und hatte dieses
Institut guten (?) Fortgang[122]. Während derselben Zeit und
wiederholt ist in Strassburg ein diplomatischer Cursus abge-
halten worden und noch in diesem Jahrhundert in Paris durch
den sich selbst ancien professeur de diplomatie nennenden:
Winter, der 1830 in Berlin ein Système de la Diplomatie erscheinen liess, welches den cours de diplomatie théorique et
pratique zur Grundlage gedient hatte. Der Verfasser unterscheidet ein Système de la politique und de la diplomatie,
bei letzterer wird unterschieden eine materielle und formelle
Diplomatie, die erstere abgetheilt in eine diplomatie philo-
sophique oder rationelle, historique ou empirique und der letztgenannten eine Statistique extérieure des états, ein droit
positif des états und eine politique positive des états einge-
ordnet. Während so durch Winter das Völkerrecht zu einer
Unterabtheilung der materiellen Diplomatie herabgesetzt wird,
ist andererseits eine besondere Vorlesung an Universitäten
dem aus dem Völkerrecht ausgeschiedenen Gesandtschaftsrecht unter der Bezeichnung: Diplomatie gewidmet worden.
Mein Vorgänger in der Professur des Staats- und Völkerrechts, Dr. E. G. v. Broecker, hielt über die Diplomatie im
Anschluss an Ch. de Martens, guide diplomatique (4. Ausg.
1851) eine Vorlesung über das Gesandtschaftsrecht und die
Unterhandlungskunst, also ein Specialcollegium, zum Theil aus
dem Gebiete des Völkerrechts, zum Theil aus dem der äusseren
Politik, während Martens selbst die Diplomatie, welche den
Gegenstand seines Buches ausmacht, einen Theil des Völkerrechts nennt und diese sog. Wissenschaft bezeichnet als eine
formelle, eines festen Princips entbehrende, womit er ihr,
ohne es zu wollen, das Urtheil gesprochen. Was übrigens

---

[122]) v. Kaltenborn in Bluntschli's Staatswörterbuch VII. 14, s. v.
Moser.

Martens vor Decennien über die Vernachlässigung des diplomatischen Studiums und überhaupt über dieses Studium sagt
(Thl. I. S. 4 ff.), ist, da der Zustand sich nicht wesentlich verbessert hat, noch heute sehr zu beherzigen. Gegen ein Specialcollegium ist ebensowenig etwas einzuwenden als gegen
eine Monographie über denselben Gegenstand, aber zu einer
besonderen Wissenschaft wird dadurch der ausgeschiedene
Theil eines grösseren Ganzen nicht.

Wir sind der Ansicht, dass besondere Pflanzschulen für
Diplomaten, schon weil sie dieselben ausser Beziehung setzen zur
universitas literarum weder nöthig noch wünschenswerth sind,
dass aber besonders an grösseren Hochschulen für die gute
und ausreichende Lehre aller derjenigen Wissensfächer gesorgt
sein müsse, welche wir oben als Prüfungsfächer bezeichnet
haben und dass der zukünftige Diplomat zum Erweise Dessen,
dass er die erforderlichen Kenntnisse erlangt, sich einem
rigorosen Staatsexamen vor Eintritt in das Ministerium des
Auswärtigen, nicht einem blossen tentamen zu unterwerfen
habe. Reformen in beiden Beziehungen sind um so dringen-
der als sie schon viel zu lange versäumt wurden.

------

4. Das System des Völkerrechts.

Da wir der Systematik des Völkerrechts ein umfassendes
Werk gewidmet haben, so glauben wir hier um so kürzer
sein zu dürfen. Es wird genügen, die dort gewonnenen Resultate zu recapituliren und einiges Weitere anzuknüpfen,
um den Uebergang zum letzten Abschnitt unserer Schrift
herzustellen.

Dreierlei halten wir für Vorbedingung eines wissenschaftlichen Systems:

1. Dass es die Gegenstände der Wissenschaft, aber
   nur diese enthalte, d. h. unvermischt mit fremd-
   artigem Stoff;

2. dass es sie in einer äusserlich geordneten, ihrem
   Wesen entsprechenden Weise darstelle, und

3. dass alle einzelnen Theile zu einer inneren Ordnung durch ein Princip mit einander verknüpft
seien.

Diese drei Bedingungen wurden von den Verf. völkerrechtlicher Gesammtwerke, von welchen zwar nur eins sich
System nennt, unserer Ansicht nach aber nicht ein einziges
auf diese Bezeichnung begründeten Anspruch hat, durchweg
n i c h t erfüllt.

Der Stoff des Völkerrechts ist ein r e c h t l i c h e r, wie es
bei einer Rechtsdisciplin als selbstverständlich gelten müsste,
dennoch wird vielfach Politisches in das Völkerrecht hinein-
gemischt. Rechtliches und Politisches sind aber qualitativ als
Unbedingtes und Bedingtes unterschieden. Das Recht setzt
fest und lässt keine Wahl, die Politik giebt verschiedene
Mittel zu einem Zweck an und lässt die Wahl frei. Principiell verschiedenes passt nicht in e i n System: Das Rechtliche
gebührt dem Völkerrecht, das Politische der äusseren Politik.
Die Gegenstände zweier verschiedenen Wissenschaften können
daher nicht zu einer Darstellung verbunden werden. Ferner
ist in den Darstellungen des Völkerrechts, namentlich auch denen
dieses Jahrhunderts, der Philosophie noch immer ein unberech-
tigter Einfluss auf das System des positiven Völkerrechts ge-
gönnt worden, selbst die Einzelforschungen haben zur richtigen
Begrenzung der philosophischen Einwirkung sich noch nicht
durchweg erheben können und ist namentlich Pütter entschieden für die fernere Verbindung des Positiven und Philosophischen in die Schranken getreten. Dagegen hat v. Kaltenborn das Verhältniss der Philosophie zum positiven Völkerrecht richtig erkannt, wie denn auch Achenwall, Warnkönig, Ahrens, Fichte d. j., Oppenheim, Manning, Wildmann
und Hälschner dieses Verhältniss in treffenden Zügen charakterisirt haben [123]). — Das philosophische Völkerrecht ist vom
positiven zu unterscheiden und nicht mit diesem in einem
System verbunden zu behandeln. Hegel's Ausspruch (Grund-
linien der Philosophie des Rechts pag. 16): „dass die Philo-

---

[123]) S. meine Systematik des Völkerrechts. S. 242 ff. und 348 ff.

sophie, weil sie das Ergründen des Vernünftigen ist, eben
damit das Erfassen des Gegenwärtigen und Wirklichen, nicht
das Aufstellen eines Jenseitigen ist, das Gott weiss wo sein
sollte" auf das Völkerrecht angewandt, kann die Wirksamkeit der Philosophie gegenüber dem Völkerrecht nur darin
bestehen, dasselbe zu beurtheilen, nicht aber ein Völkerrecht
philosophisch zu construiren. Dass es ein solches philosophisches Völkerrecht geben durfte zu einer Zeit, wo blos
die Idee desselben wirklich war, die positive Geltung des
Rechts aber erst angebahnt und verwirklicht werden sollte,
dagegen wird nichts eingewandt werden können, sondern
vielmehr die vorbereitende Wirksamkeit des philosophischen
Völkerrechts für das positive anerkannt werden müssen. Je
mehr aber die Völkerrechtssätze in die realen Verhältnisse
eindrangen und durch diese modificirt sie zu beherrschen an-
fingen, je mehr sie durch den Willen der Staaten in der
Form von Verträgen und Herkommen sanctionirt und damit
zum positiven Recht wurden, desto mehr musste die Bedeutung eines blos philosophischen Völkerrechts in den Hintergrund treten. Daher ist heutzutage die Construction eines
philosophischen Völkerrechts als ein dem positiven Völkerrecht coordinirtes zwecklos, ja selbst ein blosses Hineinnehmen
von Sätzen des ersteren in das letztere völlig unstatthaft.
Dagegen ist die philosophische Auffassung des Positiven als
Methode der Dogmatik des Positiven anzuerkennen und ist
die philosophische Kritik des Positiven, welche die Entfer-
nung vom Ziele weist, berechtigt, denn sie vollendet das Völkerrecht, indem sie dessen Weiterbildung vorbereitet. Die
Philosophie hat auch in Bezug auf das Völkerrecht die Aufgabe, die Wahrheit zur Geltung zu bringen, aber in bestimmter Rechtsform und in Anleitung des völkerrechtlichen
Grundgedankens: des internationalen Rechtsprincips. Sie
hindert aber die Entwicklung des positiven, wenn sie, über
den wahren wirklichen Zustand desselben täuschend, indem
sie ihre Abstractionen mit den positiven Rechtsätzen verwebt,
dadurch eine Stufe als erreicht, als positiv darstellt, welche
erst zu erreichen ist und indem sie so zur Zeit nur philo-

sophisch wahres für gleichwerthig mit positiv gültigem erklärt. In allen übrigen Disciplinen des Rechts hat die Philosophie über das Recht — die Rechtsphilosophie oder das philosophische Recht ersetzt. Soll das Völkerrecht wahrhaft positiv sein, so hat auch die Völkerrechtswissenschaft die Rechtsphilosophie oder wie sie noch heute vielfach in völkerrechtlichen Werken genannt wird: das Naturrecht aufzugeben. Der Kampf der historischen Schule ist auch für das Völkerrecht gekämpft worden, das Naturrecht im Gebiete des potiven Völkerrechts ist ein Anachronismus.

Bei der äusseren Anordnung des völkerrechtlichen Stoffes sind mit Rücksicht auf die bisherigen Leistungen zwei Arten oder Classen zu unterscheiden. Zunächst die willkürliche Anordnung und dann der Uebergang von der willkürlichen zur bewussten Anordnung. Innerhalb der ersten Classe versuchten die Einen privatrechtliche Nachbildung und schliessen sich die Anderen an die unverkennbar sichtbaren Zustände des Friedens und Krieges an.

Schon Hugo Grotius (Vgl. m. Systematik S. 19. ff) erkennt an, dass er einen ordo certus erstreben müsse, indess hat er zu einem geringen Theil privatrechtliche Nachbildung versucht, hauptsächlich aber seinen Stoff nach den beiden Hauptrubriken: Krieg und Frieden vertheilt. Grot's nächste Nachfolger (s. m. Systematik S. 28 ff.) konnten für die Systematik des positiven Völkerrechts wenig leisten, da sie dasselbe grösstentheils leugneten. Wir übergehen daher Samuel von Pufendorf und Christian Thomasius (vgl. über dieselben v. Kaltenborn, Krit. des Völkerr. S. 48 ff.) und nicht minder Hobbes und Spinoza, da sie durch ihre rechtsphilosophischen Arbeiten nur auf das sog. natürliche Völkerrecht Einfluss gewannen (vgl. Hälschner, in Eberty's Zeitschr. f. volksthümliches Recht und nationale Gesetzgebung für 1844 S. 34 ff.). Bei Griebner (principia jurisprudentiae naturalis, 1710) ist die Anordnung theilweise privatrechtlich, theilweise naturrechtlich. Reinhard (Natur- und Völkerrecht, 1736) ordnet wesentlich nach den Zuständen des Friedens und Krieges. Glafey (Vernunft und Völkerrecht 1723) behandelte fast nur,

Stapf (jus naturae et gentium 1735) nur das formelle Völkerrecht, und Köhler (siebentes specimen der „juris socialis et gentium ad jus naturae revocati specimina" 1735) behandelt sogar
nur einen Theil des formellen Völkerrechts: den Krieg. Auch
die Bearbeiter des positiven Völkerrechts z B. Zouchy erheben
entschieden Krieg und Frieden zu Hauptabtheilungen ihrer
Werke, ausserdem findet theilweise Nachbildung der römischen
Institutionenordnung statt und zwar in weit grösserem Maass als
bei Grotius. Vattel (droit des gens 1758) und Johann Jacob
Moser theilen das Völkerrecht lediglich in Kriegs- und Friedensrecht. Achenwall (juris gentium Europaearum primae lineae 1775)
findet die letztere Anordnung ganz natürlich und Heffter steht
noch heute auf demselben Standpunct, indem er in Bezug auf
seine Anordnung I. in das Recht des Friedens, und II. in das
Recht des Unfriedens gegenüber den Einwendungen Rob.
v. Mohl's und des Referenten bemerkt, dass sie der juristischen Anschauung und Gewöhnung sehr nahe liege, und
dass die kunstvollste Methodik in der Ausführung immer
wieder auf die obigen Categorien zurückführen oder ein
stilles Sehnen darnach erzeugen werde. — Dass die Anordnung
in Kriegs- und Friedensvölkerrecht eine juridische sei, müssen
wir bezweifeln, da sie sich auf zwei Zustände basirt, ist sie
schon eher statistisch; dass die Gewohnheit hier aber nichts
anderes bedeutet als die häufige Befolgung, ist nicht zu bezweifeln, und dass eine solche Systematik, welche selbst von
Hugo Grotius nur aus äusseren Gründen, weil er hauptsächlich wegen der Greuel des Krieges über das Kriegsrecht und
nur in Anlass desselben auch vom Friedensrecht handelte, ge-
wählt wurde, in keiner Weise kunstvoll ist, bedarf wol keines
Beweises, und haben wir in vieljähriger Lehre des Völkerrechts noch nie ein Sehnen nach jenen Eintheilungen empfunden. Hugo Grotius' Vorgänger, Albericus Gentilis, handelte,
nachdem er vorher (1585) de legationibus gehandelt, nur de
jure belli, aber in der Planlegung ihrer Werke ist grosse
Uebereinstimmung (v. Kaltenborn l. c. 34) und so möchte
denn auch schon eher Gentilis als Hugo Grotius verantwort-
lich gemacht werden können. Dass Hugo Grotius aber keine
Autorität auf dem Gebiete der Systematik war, glauben wir

durch Analyse der seinigen in unserer „Systematik des Völkerrechts" zur Genüge bewiesen zu haben. — Klueber hat in seinem Völkerrecht zunächst eine naturrechtliche Abtheilung: absolute und hypothetische oder unbedingte und bedingte Rechte, sich zu Nutzen gemacht, ist aber sodann bei der Behandlung der letzteren zurückgekehrt in die Eintheilung des Friedens- und Kriegsrechts durch seine „Rechte in Absicht auf friedliche und feindliche Verhältnisse". Die englischen und anglo-amerikanischen Völkerrechtsschriftsteller, auch neuerer Zeit, mit Ausnahme Phillimore's, befolgen eine willkürliche Ordnung. James Kent, welcher im ersten Bande seiner „Commentaries on american law, 8. Aufl. 1854" (das Völkerrecht wurde in einer Sonderausgabe von Abdy herausgegeben, Cambridge 1866) in verschiedenen Lectionen (léctures) das Völkerrecht behandelt, von welchen die erste die Begründung und Geschichte des Völkerrechts, die zweite die Rechte und Pflichten der Nationen im Friedenszustand, und die dritte bis neunte des Kriegsrecht, die neunte aber die Verletzungen des Völkerrechts darstellt, Henry Wheaton, elements of international law 1848, Richard Wildmann, institutes of international law, London 1849, und Travers Twiss, the law of nations, Oxford 1861, stehen wesentlich auf dem Standpunkt der Eintheilung in Friedens- und Kriegsvölkerrecht. Am deutlichsten tritt bei Richard Wildmann die Eintheilung in ein Friedens- und Kriegsvölkerrecht hervor und hat er diese auch ausserdem ausdrücklich für die allein zulässige erklärt. Calvo, le droit international théorique et pratique, Paris 1870. 2. Aufl. hat zwar eine Vertheilung in I. état de paix, II. état de guerre, III. état de neutralité und IV. traités de paix et droit de postliminie unternommen, indess gehört die dritte Abtheilung zur zweiten und von der vierten Abtheilung die Verträge in das Friedens-, das Postliminium in das Kriegsrecht. Gleichberechtigte Theile sind die vier unterschiedenen jedenfalls nicht und eigneten sie sich daher nicht zu coordinirten Haupteintheilungen.

Eine principiellere Unterscheidung des völkerrechtlichen Stoffes im Grossen und Ganzen findet sich zunächst, aber nur

angedeutet bei Wolff (jus gentium, 1749). Er sprach den
Unterschied zwischen materiellem und formellem·Recht nicht
ausdrücklich aus, aber seine Eintheilungen geben das Bewusstsein desselben kund. Demnächst haben v. Kaltenborn
und Pözl in seinem „Grundriss zu Vorlesungen über europäisches Völkerrecht" (1852) die Scheidung in materielles und
formelles Recht vorgenommen. Ersterer forderte auch die
Trennung des materiellen Rechts in einen allgemeinen und
speciellen Theil.

Die dem Wesen des Völkerrechts entsprechende Scheidung im Einzelnen finden wir zuerst angedeutet bei Rœmer
(Völkerrecht der Deutschen, 1789), der indess, obgleich er
von Subjecten und Objecten des Völkerrechts spricht, diese
Begriffe zu Gunsten der Systematik nicht verwendet. G. F.
v. Martens (Einleitung in das europäische Völkerrecht, 1796;
neueste Ausgabe des Précis du droit des gens von Vergé
2. Aufl. Paris 1864) bezeichnet es schon als die natür-
lichste Ordnung, dass zuvörderst das Subject der Wissenschaft erörtert und untersucht und dann zu dem Object oder(?)
den Verbindlichkeiten übergegangen und erklärt werde: wie
die Rechte entstehen, worin sie bestehen und wie sie ver-
loren gehen. Indess ist seine Anwendung auf das System eine
unhaltbare, indem er die Objecte in unlogischer und unjuristischer Weise als Rechte und nicht als Gegenstände von
Rechten bezeichnet. Auch Oppenheim findet Subjecte und
Objecte im Völkerrecht, hält indess für die ersteren bald die
Nationen, bald die Staaten, während er die kosmopolitische
Gemeinsamkeit für das Object hält. Diese Unterscheidung
bleibt aber ohne Einfluss auf die Ordnung seines Stoffes.
Bei dieser geht er vielmehr auf eine naturrechtlich basirte
Unterscheidung: die absoluten Rechte der Staaten und die
bedingten Rechtsverhältnisse derselben zurück und lässt hierauf die Collision der Staatsgesetzgebungen oder das internationale Privat- und Strafrecht folgen. Vorausgesandt ist
ein allgemeiner Theil. Dennoch ist Oppenheim bisher der
einzige völkerrechtliche Schriftsteller, der seine Darstellung
als „System" bezeichnet hat, seine Verdienste haben wir in

unserer Systematik (S. 195 ff.) gewürdigt. Dagegen hat
Phillimore (Commentaries upon International law. London,
1871. III Bde. I. 10 ff.) bei der Planlegung seines Werkes
Subjecte und Objecte des Völkerrechts juridisch geschieden
und sie auch zu zwei Hauptabtheilungen erhoben, indess statt
des nun zu erwartenden dritten Gliedes: der Acte, ein güt-
liches und gewaltsames Verfahren angefagt. In einem IV.
Bande (1861) behandelt Phillimore das internationale Privatrecht, welches er mit comity [124]), also dem aus der comitas
gentium abgeleiteten Recht, identificirt, was durchaus nicht
zu billigen ist, da es der Wahrheit nicht entspricht, indem in
keinem Gebiete des Völkerrechts, so sehr die Institutionen
schon auf das Recht, und zwar in der sehr bestimmten Form
von Verträgen, zurückgeführt werden können, als in dem des
sogenannten internationalen Privatrechts. Schon Warnkoenig,
welcher in seiner „Rechtsphilosophie als Naturlehre des
Rechts" (1839) auch „Umrisse des Völkerrechts" geliefert
(S. 434 ff.) construirt die Systematik nach den drei Haupt-
theilen: der Person, des Vermögens und der Handlungen,
es fehlt jedoch die Unterscheidung des materiellen und formellen Völkerrechts. v. Kaltenborn giebt zwar vor, seine
Systematik an die v. Martens'sche geknüpft zu haben, indem
er aber die Objecte richtig auffasst, hat er die Martens'sche
Systematik verbessert, dieselbe aber freilich nur für den allgemeinen Theil verwandt; ausserdem mangelt ihm eine consequente Berücksichtigung des Unterschiedes zwischen materiellem und formellem Recht. Seine ganze Systematik verfällt ausserdem im speciellen Theil dadurch, dass er zwei
Principien: das subjective und objective auf dieselbe anwendet
und aus diesen die verschiedenen Rechtsverhältnisse ableitet,
in einen sich fortwährend kreuzenden Dualismus, sodass die
einem System nothwendige Einheit fehlt. Pözl (l. c.) wählt
zum Ausgangspunct für die Systematik nur zwei Glieder des
völkerrechtlichen Rechtsverhältnisses: die Subjecte und Ob-

---

[124]) S. über den Begriff der comity meine Notiz in Holtzendorff's
Rechtslexicon.

jecte, die Acte aber nicht. v. Mohl (Geschichte und Literatur
der Staatswissenschaft. 1855 I. 381 ff.) will im Anschluss an
das subjective und objective Princip v. Kaltenborn's die
Lehren des Völkerrechts eingetheilt wissen nach den drei
Beziehungen der

    1. Souverainetät der Staaten;

    2. des Rechts und der Pflicht des Verkehrs mit anderen,

    3. der Ordnung der Gemeinschaft

oder (v. Mohl, Staatsrecht, Völkerrecht und Politik 1860,
I. 587) in die Lehre:

    1. von der Souverainetät der Staaten,

    2. von der internationalen Verbindung der Menschen,

    3. von der Durchführung der beiden Gattungen von
       Rechten.

    Gegen diese Eintheilungen lässt sich einwenden, dass
Principien nicht die Aufgabe haben die äussere Systematik
zu bestimmen, sondern nur die innere Verbindung der Rechtssätze zu einer Einheit, zu einem Grundgedanken, dass aber
dazu die gleichzeitige Anwendung z w e i e r Principien unthunlich ist, denn wie soll die Einheit durch zwei Grundgedanken gesichert erscheinen. — Endlich sind noch Fraenzinger's
Grundzüge einer juristischen Construction des Völkerrechts
(Freiburg i. B. 1868), die für dieses Recht freilich als die
allein zulässige erscheint, zu erwähnen. Der Verfasser unterscheidet I. Völkerrecht als Rechtsgesetz II. Völkerrecht als
Rechtsbefugung, hierbei A. die völkerrechtliche Befugung und
B. die Ichheiten der völkerrechtlichen Befugung, unter diesen
letzteren aber I. die Völkerrechtsichheiten in ihrem Fürsich-
selbersein und II. die Völkerrechtsichheiten in ihrem Mit-
einandersein. Wenn der Verfasser sich einer üblicheren
Terminologie befleissigt hätte und z. B. Unionen nicht Ei-
nungen der Reiche genannt und bei dieser bürgerschaftliche
trägerschaftliche und körperschaftliche Einung unterschieden
hätte, bei der erstgenannten aber: Doppelbürgerthum, Doppel-
zirkelthum, Doppelvölkerthum — so hätte er bei seinem richtigen
Ausgangspunct für das Völkerrecht: dem Willen, etwas theoretisch brauchbareres leisten können.

Die Systematik des Völkerrechts scheint uns folgende sein zu müssen Der völkerrechtliche Gesammstoff ist im Grossen und Ganzen zu scheiden in materielles, das zu verwirklichende Recht, und formelles: die Art der Verwirklichung. Dem Civil- und Criminalrecht coordinirt sich das materielle Völkerrecht, dem Civil- und Criminalprocess das formelle Völkerrecht. Die äussere und innere Ordnung sind zu unterscheiden. Die äussere des materiellen Völkerrechts ruht auf dem Rechtsverhältniss des zu verwirklichenden Rechts. Dieses Rechtsverhältniss besteht aus drei Gliedern: dem Subject, Object und Act. Von dem Subject geht das Recht aus, auf das Object ist das Recht gerichtet, die Acte bringen die Subjecte zu den Subjecten in Beziehung und vermitteln die Unterwerfung der Objecte unter das Recht der Subjecte. Das materielle Recht ist daher in wissenschaftlicher äusserer Ordnung: die Lehre von den Rechten der Subjecte (Recht im subjectiven Sinn), dem Recht der Objecte (Recht im objectiven Sinn genommen) und Acte.

Das formelle Recht verwirklicht das materielle durch bestimmte Organe und vermittelst eines bestimmten Verfahrens.

Das die innere Ordnung des Völkerrechts bestimmende, die einzelne Sätze characterisirende Princip ist: das internationale Rechtsprincip. Dieses Princip entstammt dem gemeinschaftlichen, auf die auswärtigen Verhältnisse der Staaten sich beziehenden Rechtsbewusstsein der Staatsvölker. Zur Erkenntniss des Princips kann man nur gelangen durch das Verfolgen der geschichtlichen Entwickelung des Rechtsbewusstseins, indem aus den Einzelheiten auf das Allgemeine geschlossen und das Allgemeine an dem Einzelnen geprüft wird. Der Erfolg der Untersuchung ist die Erkenntniss der Eigenthümlichkeit des internationalen Rechtsprincips, ein durch Rücksicht auf die Pflichten der internationalen Gemeinschaft modificirtes staatliches Souverainetätsprincip, das zur Erfüllung der Aufgabe des Völkerrechts: die Herstellung einer Weltrechtsordnung, die die internationalen Beziehungen betreffenden Rechtsbestimmungen zu einem innerlich verbundenen Ganzen zu einen hat. Die Verwendung der Ab-

theilung: internationales Privatrecht zu einer Hauptabtheilung
des Völkerrechts ist von Phillimore geschehen und in später
zu erwähnenden Codificationsversuchen. Wir haben es
wiederholt in unserer Systematik als eine contradictio in
adjecto bezeichnet, von einem internationalen Privatrecht
zu sprechen, kämpfen aber natürlich auch hier ver-
gebens gegen einen inveterirten Sprachgebrauch. Die Ausscheidung und Coordination halten wir aber für ganz un-
lässig. Das sogenannte internationale Privatrecht ist nur
unter dem Gesichtspunct des Staatenrechts zu betrachten, denn
Staaten sind die alleinigen Subjecte des Völkerrechts. Wie
wir schon am Eingange unserer Schrift ausgeführt haben,
und wie wir auch in unserem Entwurf angedeutet, handelt
es sich hierbei um Concessionen der staatlichen
Souverainetät zu Gunsten der internationalen
Gemeinschaft und nur aus diesem Gesichtspunct kann
das Recht der Einzelnen zu Einzelnen im Völkerrecht in
Betracht kommen, denn die Einzelnen können weder ein Recht
setzen noch durchführen, Beides ist Aufgabe der Staaten, als
Angehörige dieser werden die Einzelnen jener Rechte theil-
haftig. Dem Nichtbürger eines Staates wird dagegen jeder
Staat vom Rechtsstandpuncte aus Gleiches gewähren, was er
Angehörigen fremder Staaten gewährt.

In Anleitung der vorstehenden Ausführungen ist der
nachstehende Entwurf abgefasst und hat mit geringfügigen
Abänderungen vieljährigen Vorträgen über das Völkerrecht
zur Grundlage gedient. Wohl wissen wir, dass erst die Ausführung innerhalb des Rahmens der systematischen Umrisse
ein Urtheil über die Brauchbarkeit der Systematik erbringt,
indess wird doch die Mittheilung der Anordung an und für
sich vielleicht nicht zwecklos erscheinen und schien sie uns
schon desshalb erforderlich, um einen Maasstab für unsere
Urtheile über die Systematik Anderer anzugeben, namentlich
auch derjenigen, welche Codificationsversuche veröffentlichten.

Entwurf eines Systems des Völkerrechts.

Einleitung.

Das materielle Völkerrecht.

Allgemeiner Theil.

Besonderer Theil.

Erster Abschnitt.

Die Rechte der Subjecte.

5. Die Positivität und Erzwingbarkeit des Völkerrechts.

Selbstverständlich wird durch eine in den vorstehenden
Umriss eingefügte Darstellung des Völkerrechts die wahrhaft positive Natur desselben noch nicht verbürgt, sondern
zunächst nur eine äussere und eine innere Ordnung für die
wissenschaftliche Auffassung des Rechts gewonnen. Die Aufrichtung des materiellen Rechts, der Hinweis auf die Organe
und das Verfahren zur Durchführung desselben verbürgt noch
nicht diese selbst und eben wegen dieser mangelnden Durch-
führbarkeit, wegen des mangelnden Richters ist das Völkerrecht in seiner Positivität wiederholt angezweifelt worden und
wird noch jetzt angezweifelt.

Das Völkerrecht wurde aus verschiedenen Gründen,
sowol materiellen als formellen geleugnet. Pufendorf leugnete
es wegen Mangels allgemeiner Verträge, Thomasius wegen
eines mangelnden Oberherrn, Puchta (Gewohnheitsrecht)
spricht dem Völkerrecht den Rechtscharakter ab, weil dasselbe
keine Form der rechtlichen Geltendmachung habe, Wipper-
mann (Beiträge zum Staatsrecht 1844), weil kein Forum zur
Anbringung völkerrechtlicher Klagen existire und der Krieg
keine rechtliche Verfolgung sei. Stahl (Rechtsphilosophie)
erklärt: nicht alles Recht sei erzwingbar, so auch das Völkerrecht nicht. Aber schon v. Kaltenborn hat mit Recht dagegen
eingewandt, dass, wenn man richtiger und allgemeiner Weise
die Erzwingbarkeit als äussere Realisirbarkeit auffasst, dann
auch das Völkerrecht erzwingbar zu nennen sei.

Dagegen wird das Völkerrecht von anderen Schriftstellern
entweder materiell oder formell oder in beiden Weisen zugleich begründet:

1) Hegel stellt das Völkerrecht auf die blosse Basis des „Sollens", ähnlich leitet Heffter die Gültigkeit des nicht durch bestimmte Willensacte gesetzten Rechts aus i n n e r e r N ö t h i g u n g ab;

2) Bluntschli (d. V. a. R. S. 54) deducirt die Beobachtung des Völkerrechts aus der Menschennatur, denn es hänge nicht von der Willkür eines Staates ab, das Völkerrecht zu achten oder zu verwerfen, da kein Staat seiner Menschennatur sich entledigen könne, so dürfe er auch seiner Menschenpflicht sich nicht entziehen;

3) Rachel leitet die Gültigkeit des Völkerrechts aus dem langen Gebrauch und der daraus zu folgernden Einwilligung ab, welche sich nicht blos aus Thathandlungen, sondern auch aus praesumptiones ergebe;

4) Wolff stützt das positive Völkerrecht nicht blos auf den präsumirten Willen der meisten die civitas maxima bildenden gentes, sondern insbesondere auf den Krieg; auch Fichte d. j. und Hälschner sehen den Krieg als den völkerrechtlichen Zwang an, und für Poelitz ist sowol im praktischen Völkerrecht als im philosophischen Staatenrecht der Krieg ein rechtlich zu gestattendes Zwangsmittel;

5) v. Kaltenborn findet die Realisirung in der freien That der Staaten oder Völker, im Falle streitiger oder verletzter Rechte durch Vergleiche, Schiedsrichter, durch Vermittlung aller Art und in der wirklichen Vollziehung des Rechtsspruchs durch physische Gewalt;

6) Frederic Seebohm (on international reform, London 1871) folgert die Nöthigung zur Anerkennung und Beobachtung des Völkerrechts aus der Abhängigkeit, einer sog. interdependence der Nationen in Bezug auf ihre materiellen Interessen, hat aber damit nur einen äusseren und politischen, keinen inneren und rechtlichen Grund angegeben;

7) Phillimore (I. 75) folgert das Bestehen eines Völkerrechts aus der gegenseitigen Anerkennung der Staaten in ihrer Existenz und Unabhängigkeit, und bemerkt, dass die Leugner zwei Dinge mit einander verwechseln: die p h y -

sische Gewalt, welche das Gesetz sanctionire, indem
es durch eine obrigkeitliche Gewalt erzwungen werde
und die moralische Sanction, welche dem Gesetz
schon durch das Fundamentalprincip des Rechts eigne.
Ein ähnlicher Irrthum habe die Juristen verleitet, moralische Verpflichtungen in vollkommene und unvollkom-
mene einzutheilen. Indess seien alle moralischen Pflichten
gleich vollkommene, wenn auch die Mittel zu ihrer
Durchführung mehr oder weniger vollkommen seien, und
so' habe auch das Völkerrecht, abgesehen von seinen
Zwangsmitteln, eine Kraft in sich. Ferner enthalten die
meisten, wenn nicht alle civilisirten Staaten in ihrem Son-
derrechte eine Anerkennung des Völkerrechts und endlich lehre die Geschichte, besonders der neueren Zeit,
dass die Nemesis die Verletzer des Völkerrechts erreiche.—
Das Völkerrecht hat den Grund seiner Gültigkeit schon
in der Uebereinstimmung der Staaten über die in Bezug auf
ihre auswärtigen Verhältnisse im Völkerrecht zu beobach-
tenden rechtlichen Grundsätze. Schon Hugo Grotius leitete,
wie wir oben nachgewiesen, das Völkerrecht aus dem freien
Willen und der aus diesem ihren Ursprung nehmenden
Uebereinstimmung der Staaten ab, ebenso führt auch Heffter
die Giltigkeit des Völkerrechts auf den gemeinsamen Willen
zurück, indess fügt er dazu noch eine sog. natürliche Garantie des Völkerrechts durch das Gleichgewicht der Staaten,
welche im letzten Grunde doch auch nur durch den freien
Willen realisirt werden kann, sich aber freilich, wie wir früher
bei Erörterung dieses blos politischen Princips und Systems
nachgewiesen haben, durchaus nicht dazu geeignet erweist, ein
Recht zu stützen, sondern es vielmehr, durch die als nöthig
erkannte Stütze, für nicht vollkräftig genug in sich erklärt.
Bluntschli lässt (l. c. S. 55) das Völkerrecht aus dem Rechtsbewusstsein der Menschheit hervorgehen und in Inhalt und
Geltung in demselben Verhältniss wachsen, in welchem das
Gemeinbewusstsein der Menschheit an Klarheit und Energie
zunimmt. Jedenfalls ist das Völkerrecht schon in sich durch
die Uebereinstimmung der Staaten giltig und wird diese Gil-

tigkeit nur praktisch ersichtlich durch die Anwendung der anerkannten Sätze vermittelst der Organe und des Verfahrens des formellen Völkerrechts. Ausdrücklich, wie wir gleichfalls oben ausgeführt, verpflichteten sich zur Anerkennung der Grundsätze des Völkerrechts auf dem Congress zu Aachen die europäischen Grossmächte. Die Uebereinstimmung und Anwendung des Völkerrechts sind somit empirisch nachweisbar und ist so das Völkerrecht in seiner Positivität in thesi und praxi erwiesen.

Kann nun daher auch gegen die Giltigkeit des Völkerrechts kein begründeter und nicht zu widerlegender Zweifel erhoben werden, so sind doch die Organe zur Rechtsprechung im Falle der Verletzung desselben immer dieselben Staaten, und ist die Rechtsprechung selbst noch formell nicht genügend organisirt. Es sind daher in neuester Zeit nicht blos die Schiedsspruchsfälle eruirt worden, wie wir an einer anderen Stelle [125] nachgewiesen haben, sondern sind auch vielfach Vorschläge zur Bildung eines beständigen Tribunals hervorgetreten. Ohne auf die Vorschläge früherer Jahrhunderte zurück gehen zu wollen, welche meist die Souverainetät der Staaten verkannten oder in idealen Träumereien sich bewegten, wollen wir nur einige neuere in Betracht ziehen. — Edward Hanson hat in seiner Schrift: the prevention of war: A Plan and a Plea, London 1871 (S. 19) ein permanentes internationales Tribunal zur Beilegung von Streitigkeiten und zur Durchführung der Entscheidungen, erforderlichen Falls mit Waffengewalt, vorgeschlagen. Dazu soll eine, alle zustimmenden Nationen enthaltende europäische Confoederation begründet werden, welcher als Executive ein beständiges internationales Tribunal zur Seite steht. Jedes Mitglied der Confoederation soll sich bereit erklären, seine Militairgewalt unter die Controlle des Tribunals zu stellen und dieselbe zur Erzwingung der Entscheidungen der Confoederation verwenden zu lassen. Ferner soll jede Nation (Staat) sich in feierlichster Weise

---

[125] S. den Artikel „Schiedsspruch" in Holtzendorff's Rechtslexicon besonders in der zweiten Auflage 1874.

dazu verpflichten, erforderlichen Falls unter beträchtlichen
Geldcautionen, sich den Entscheidungen des Tribunals zu unterwerfen. Das Tribunal soll bestehen aus Repräsentanten der
verschiedenen so verbundenen Nationen, deren Zahl mit Rücksicht auf die Bevölkerung, Industrie, den Export oder andere
Ansprüche festgesetzt wird. Alle Streitigkeiten oder irgend ein
innerhalb der Confoederation möglicherweise entstehender Casus
belli muss dem Tribunal unterworfen werden, wo die Gelegenheit zur eingehendsten Discussion geboten werden würde.
Die Entscheidungen des Tribunals sollen aber erzwungen
werden durch die verbundenen militairischen Streitkräfte der
confoederirten Staaten. England wird (S. 27 ff.) die Initiative
zugewiesen und würde es dann „nicht seine alte Interventionspolitik oder seine neuere der mild expostulation befolgen,
sondern den ersten Schritt thun zu einer vollkommenen Leitung der europäischen Angelegenheiten, welche in der einen
oder anderen Form eintreten müsse."

Leopoldo Farnese proponirte in „Proposta di un codice di
diritto internazionale, Roma 1873" (S. 176 und ff.): Die Bildung eines permanenten oder periodischen Congresses von
Repräsentanten aller Nationen als Wächter des Völkerrechts,
welcher diejenigen civilisirten Staaten in den Bann thun sollte,
die, nach Annahme jenes Amphictyonenbundes, sich weigern
würden, demselben Folge zu leisten und welcher das einzige
legitime Schiedsgericht über Frieden und Krieg bilden würde.
Jaequemyns meint mit Recht (Rev. d. dr. intern. VI. 149),
dass kein ernster Politiker sich im Namen seines Landes einer
solchen Autorität unterwerfen würde.

Endlich hat Emile de Laveleye in einer trefflich durch-
dachten und geschriebenen Schrift: Des causes actuelles de
guerre en Europe et de l'arbitrage (Bruxelles et Paris 1873,
S. 173 ff.) in Vorschlag gebracht die Bildung einer haute
cour arbitrale aus diplomatischen Repräsentanten der bei-
tretenden Mächte, unterstützt in ihren Arbeiten durch Juris-
consulte im Völkerrecht. Der Sitz derselben soll in der
Hauptstadt eines kleinen neutralen Staates sein wie der
Schweiz oder Belgiens. In Bezug auf seine Zusammensetzung
soll der Hof permanent sein, seine Sitzungen aber nur dann

halten, falls es einen Conflict zu entscheiden gelte. Zur Errichtung dieses Hofs soll eine Conferenz aus Delegirten verschiedener Länder — von Juristen und Diplomaten — gebildet werden, um die heutzutage bestrittenen Principien des Völkerrechts festzusetzen und soll für den Fall der Nichtübereinstimmung in Bezug auf die Anwendung dieser Principien, die Entscheidung eines aus Juristen gebildeten Hofs angerufen werden, welche die contrahirenden Theile repräsentiren. Endlich wäre das Protokoll 23 des Pariser Vertrages von 1856 zu erneuern, wonach ehe zu den Waffen gegriffen werde, die schiedsrichterliche (?) Entscheidung der contrahirenden Theile angerufen werden und allen in Zukunft abzuschliessenden Verträgen eine Clausel, ähnlich der in den Verträgen der Vereinigten Staaten mit Mexico von 1839 und der Vereinigten Staaten mit England im Jahre 1863, eingefügt werden sollte.

Die beiden ersten Vorschläge sind einander ziemlich ähnlich, der erste will nur zur Durchführung der Entscheidungen militairische Gewalt, der zweite den Bann angewandt wissen, während der letzte die Staaten nur rechtlich an die Beobachtung derselben gebunden wissen will.

Richtig hat Laveleye als Voraussetzung eines Gerichtshofes ein Recht, nach welchem gesprochen werden soll, erkannt. Soll nun aber die Vereinbarung desselben vorausgehen, so wird der Gerichtshof sicherlich nicht so bald zu Stande kommen. Indess wird im Hinblick darauf, dass uns die beiden letzten Jahrhunderte schon eine grössere Zahl von Schiedssprüchen aufweisen, nach unseren Ermittelungen: 21[126]), auch ohne einen solchen Hof die Zahl der Schiedssprüche in Zukunft sich mehren können und selbst ohne Codification, da diese jenen nicht zur Seite stand, ein schiedsrichterlicher Hof constituirt werden können, natürlich nur aus freier Initiative der Staaten und für diejenigen Staaten, welche sich an der Errichtung desselben betheiligt haben. Wir

[126]) S. die Abhandlung über den Schiedsspruch in Holtzendorff's Rechtslexicon. 2. Auflage.

glauben, dass die Vorschläge Laveleye's einer ernsten Erwägung werth sind und dass deren Ausführung, namentlich
die Bildung eines permanenten Schiedsgerichtes die Realisirbarkeit des Völkerrechts wesentlich unterstützen würde. Zwar
hat Trendelenburg (Lücken im Völkerrecht, Leipzig 1870)
gemeint (S. 21 ff.), dass eine lange Schule dazu gehören
würde, ehe die Staaten die Unterwerfung unter ein völkerrechtliches Schiedsgericht über sich gewönnen und dass ein
Schiedsgericht nur da, wo es sich um Verletzung von Verträgen handelt und wo im Vertrage eine Norm der Entscheidung vorliege, am Orte sein würde, indess bleibt auch ihm,
ungeachtet dieser Bedenken, die Vereinigung der mächtigen und gesitteten Staaten der allein geeignete
Weg zu dauerndem Frieden, und wir meinen, wer den
Zweck will, muss auch das Mittel wollen, ein besseres aber
als das Schiedsgericht giebt es nicht, dieses muss also erstrebt
werden. Trendelenburg schlägt zwar vor, dass ein völkerrechtlicher Ausschuss (S. 32 ff.), aus Abgeordneten der einzelnen Regierungen, vor einem Kriege eine gütliche Vermittelung versuchen sollte, indess sind blosse Vermittelungen
schon oft fehlgeschlagen und haben die Streitfragen häufig
dermaassen weiter entwickelt und geschärft, dass eine Entscheidung anders als durch die Waffen unmöglich wurde.
Die Vermittelung wird freilich immer ihre Wirksamkeit behalten, aber nie ein Schiedsgericht, ein definitiv wirkendes
Institut, nicht blos ein Versuchsinstitut, ersetzen oder ent-
behrlich machen können.

Es erübrigt uns jetzt noch die Untersuchung: ob
schon unsere Zeit einen Beruf zur Gesetzgebung auf dem
Gebiete des Völkerrechts habe, denn ohne diese wird die
Wirksamkeit eines Schiedsgerichts doch wesentlich erschwert.

Die Codification des Völkerrechts.

———

1. Die Bedingungen der Codification.

Savigny hat zwar in seiner mit Recht berühmt gewordenen Schrift: „Vom Beruf unserer Zeit für Gesetzgebung und Rechtswissenschaft" [127]) im Hinblick auf das Privatrecht sich ausgesprochen, aber seine allgemeinen Sätze sind meist auf die Codification eines jeden Rechts anwendbar und kann es auch in dieser Beziehung für das Völkerrecht, bei aller Anerkennung seiner Eigenthümlichkeit, nur heilsam sein, wenn es sich seiner Hingehörigkeit zur Rechtswissenschaft bewusst bleibt und dadurch seinen rechtlichen Grundcharakter sich wahrt.

Wenn das Recht überhaupt, nach Ansicht des anerkannten Hauptes . der historisch-juristischen Schule, anfangs „im Bewusstsein des gesammten Volkes lebte," und später, „als bei steigender Cultur sich alle Thätigkeiten des Volkes immer mehr sonderten, einem abgesonderten Stande: den Juristen anheimfiel, von welchen das Volk nunmehr in der Funktion der Rechtsbildung repräsentirt wurde" (S. 12), so hat das Völkerrecht zuvörderst das letztere als erstes Stadium beschritten, indem einzelne hervorragende Geister, leider nicht immer Juristen, sondern, wie wir schon oben ausführten, häufig auch Philosophen, Historiker, Politiker es entwickelten und den Staaten oder Völkern das Recht wiesen, anstatt das von diesen entwickelte aufzunehmen und fortzubilden. Aber auch das Völkerrecht heutigen Tages ist noch meist ein von Ein-

---

[127]) 3. Aufl. Heidelberg 1840. Die erste Ausgabe erschien 1814, die zweite 1828.

zelnen gesetztes Recht und fehlt ihm eben desshalb auch die allgemeine Anerkennung, weil es des Ursprunges aus der Allgemeinheit noch vielfach entbehrt. Die Einzelnen können kein Recht machen, sie sind nur Proponenten und wird das proponirte Recht erst dann giltig, wenn es von der Allgemeinheit acceptirt wird. Diese Acceptanten sind die Staaten oder politisch geeinten Völker: die alleinigen Subjecte des Völkerrechts. Sicherlich wäre die Acceptation in viel umfassenderer Weise schon erfolgt, wenn die Proposition in bestimmterer, präciserer, juridischer Form gestellt worden wäre und mit rechtlicherem Inhalt, während die vage Form und der politisch-vage Inhalt in unbestimmter Form nur subjectives Dafürhalten und nicht objectives Recht darbot.

Aber so wie alles Recht, so wird auch das Völkerrecht nicht durch die Jurisprudenz erzeugt werden können, sonnur durch die in den Rechtsüberzeugungen der Völker wirkenden inneren Kräfte und wird der Gesetzgeber dieses gewirkte Recht nur sanctioniren können. Es entsteht kein Völkerrecht wider den Willen der Völker, sondern nur aus ihm heraus und die Gesetzgebung, welche im Widerspruch gegen denselben ihren Willen durchzusetzen trachtet, kömmt nicht zur Durchführung, trotz alles geübten Zwanges. Ihr Recht verfällt, bevor es in der Praxis sich durchführt. Auch die Staaten können in der internationalen Gesetzgebung nur dem Willen ihrer Bevölkerungen Ausdruck verleihen und wo jener Wille sich nicht binden will, mangelt es an der Voraussetzung für das Völkerrecht, der Uebereinstimmung verschiedener Staaten in Bezug auf ein für sie zu bildendes und sie bindendes Recht. Ist ein Recht auch rationell noch so sehr gefordert, es widerstrebt ihm aber der zur Rechtssetzung allein befugte souveraine Wille, so hilft alles logische Demonstriren Nichts, denn positiv wird das Recht nicht durch die Logik der Vernunft, sondern durch die That des Willens. Das Zurückgehen auf das philosophische oder sog. Naturrecht im Völkerrecht konnte daher anregend und belehrend wirken, aber es kann den freien Willen der Faktoren des Völkerrechts, welche nicht nur vernünftige, sondern auch

selbstsüchtige Individuen sind, nicht zwingen. Es kann die
Postulate der Vernünftigkeit nicht in Gesetze der Wirklichkeit wandeln, denn nicht alles was vernünftig ist, ist auch
sofort wirklich, wenn auch die Hoffnung vernünftiger Wesen
darauf gerichtet bleiben muss, dass es ein Mal wirklich
werde.

Um aber die Grenze zwischen gewünschtem und seiendem
Rechte zu ziehen, kann man das letztere als geltendes Recht
in einem Gesetzbuch fixiren. Den Inhalt desselben bildet
entweder nur das bisherige Recht, oder auch neue Gesetze.
Wir wollen uns aber zunächst nur auf das erstere beschränken und das Völkerrechtsgesetzbuch nur als „Aufzeichnung
des gesammten bestehenden Rechts denken, mit ausschliessen-
der Gültigkeit von den Staaten selbst versehen" (vgl. v. Savigny 19).

Die Völkerrechtspraxis kann sich vielfach nur auf literarische Autoritäten berufen, aber auch vom Völkerrecht gilt
besonders in neuerer Zeit, was v. Savigny (l. c.) in Bezug
auf das Recht überhaupt gesagt, „dass bei der Menge von
Schriftstellern und dem schnellen Wechsel der Bücher und
ihres Ansehens, kein einzelnes Buch einen überwiegenden
und dauernden Einfluss anders als durch die Gewalt des
Staates, hier der Staaten, erhalten könne, wenn es sich auch
gar wohl denken lasse, dass diese Arbeit ohne Aufforderung
und ohne Bestätigung des Staates von einzelnen Rechts-
gelehrten vollbracht würde." Desshalb erscheinen denn auch
die in unseren Tagen hervorgetretenen Versuche, das Völkerrecht als Rechtsbuch darzustellen, wie besonders von Bluntschli,
an sich gerechtfertigt, und zwar, wenn sie den positiven Stoff
ausschliesslich darstellen, auch als Vorläufer von Gesetzbüchern, indem der Unterschied zwischen einem Rechts-
und Gesetzbuch lediglich „in der Veranlassung und Bestätigung von Seiten des Staates liegt, nicht in der Natur der
Arbeit selbst, denn diese ist auf jeden Fall ganz tech-
nisch und fällt als solche den Juristen anheim", „indem",
bei dem Inhalt auch des Völkerrechtsgesetzbuchs, „das politische Element längst ausgewirkt hat", ja unter dem Fort-

wirken desselben eine rechtliche Uebereinstimmung behindert oder gar ganz unmöglich wird, und „blos die Wirkung zu erkennen und auszusprechen ist, welches Geschäft zur juristischen Technik gehört". Desshalb erachten wir auch die Versuche von Nichtjuristen zur Codification als gewagt und nur relativ beachtungswerth.

„Durch ein Gesetzbuch soll für den Zustand des Rechts die höchste Rechtsgewissheit entstehen und damit die höchste Sicherheit gleichförmiger Anwendung." Könnte Das für das Völkerrecht durch ein Gesetzbuch erlangt werden, wie unbedingt nothwendig wäre dann schon längst die Codification gewesen und um wie viel mehr wäre sie in so später Zeit, wie der unsrigen, zu erstreben. Indess bedarf es nicht blos eines Gesetzbuchs, sondern auch der Organe und des Verfahrens zur Durchführung seiner Bestimmungen und vor Allem auch hier nicht blos der Macht, sondern auch des festen Willens zur Durchführung des Rechts.

In Ansehung des Stoffs ist die Vollständigkeit des Gesetzbuches die wichtigste aber auch schwierigste Aufgabe. „Das Gesetzbuch soll, besonders wenn es einzige Rechtsquelle zu sein bestimmt ist, auch für jeden vorkommenden Fall im Voraus die Entscheidung enthalten." Diese Aufgabe erscheint für die Codification des Völkerrechts als eine ganz besonders schwierige und zwar, weil es an der allgemeinen Willenserklärung vielfach fehlt, welche das allgemeine Recht als solches zu verbürgen befähigt ist. Wie schon Wolff bemerkte, fehlt es dem Völkerrecht an allgemein verbindlichen Verträgen als allein sicherem Ausdruck des allgemeinen Willens und es fehlt demselben an solchen, das Wort im strengsten Sinne genommen, noch heute. Wollte man daher die allgemeinen Verträge als nothwendigste Vorbedingung der Positivität des Völkerrechts setzen, so fehlt es uns noch heute an einem positiven Völkerrecht. Indess wäre Das eine trostlose Ansicht, welche namentlich auch die Codification des Völkerrechts in unserer Zeit als ein utopisches Vorhaben erscheinen lassen würde. Gehen wir daher von der strengsten Bedeutung ab und lassen wir uns genügen in erster Reihe

an Verträgen der grossen Majorität und in z w e i t e r Reihe an
Verträgen einzelner Staaten mit einzelnen, wenn diese inhalt-
lich im Wesentlichen übereinstimmen und nur im Unwesent-
lichen abweichen, so werden wir, besonders durch Verglei-
chung des Inhaltes der Verträge zweiter Reihe eine ansehn-
liche Anzahl von Bestimmungen erhalten, die wir als positiven Ausdruck des Willens der Mehrzahl der Culturstaaten
aufzufassen berechtigt sind. Die Zahl von Einzelverträgen
ist eine sehr grosse, die bisherige Verwerthung des Inhalts
derselben aber zur Darstellung des positiven Völkerrechts
eine sehr geringe, und erscheint daher das Völkerrecht
sowol als weniger positiv, als auch als weniger vollständig. Die Erschliessung und dogmatische Verarbeitung
des reichen Inhaltes der Verträge ist eine nothwendige Vorbedingung für jede Darstellung des positiven Völkerrechts
sowol, als für jeden Codificationsversuch, und da diese Vorarbeiten zur Zeit nur sehr unvollständig und nur rücksichtlich einiger Gegenstände vollständiger in Monographien geliefert sind, so ist eine Codification im ganzen Umfange,
soweit sie positives Recht und nicht Gelehrtenmeinungen enthalten soll, zur Zeit unmöglich. Das Ziel muss auch hier im
Auge behalten werden, aber man soll sich auch hier nicht
darüber täuschen, wie weit man von demselben noch entfernt ist.
Es ist sehr leicht, nach einer Codification ein Verlangen auszusprechen und ebensowenig schwer, demselben durch Dar-
legung der dieselbe fordernden Gründe und durch Ausmalung
der Wirkungen einer vollendeten Codification einen zur That
anreizenden Ausdruck zu geben, aber die geforderte Arbeit
selbst erfordert grosse, zahlreiche, verbundene, und vor Allem
dazu tüchtig vorgebildete Kräfte, nicht blos die Diplomaten,
bisher üblicher, und namentlich in Bezug auf das Völkerrecht, mässiger Durchschnittsbildung. Wenn schon gegen die
Codification des Civilrechts gewichtige Bedenken geltend gemacht worden sind, so gelten sie gegen die des Völkerrechts
in weit höherem Maasse. Man erwäge, welch ein durchge-
bildeter Stoff und welch eine Fülle von Lehren dem Codi-
ficator des Civilrechts vorlag und welch einen meist rohen, un-

verarbeiteten Stoff und welch eine Dürftigkeit an doctrinairer Verarbeitung das positive Völkerrecht noch heute aufweist.

Wie viel ernste Gelehrtenarbeit ist dem Civilrecht durch Jahrhunderte hindurch zugewandt worden und wie wenig dem Völkerrecht, in dessen Gebiet sich Elemente aller denkbaren Vorbildung nach subjectivem Belieben ergingen und welche in der Regel mehr der Fantasie freien Spielraum liessen, als dass sie sich unter die Zucht des strengen juristischen Denkens stellten. Man erwäge ferner, wie der Gesetzgeber eines einzelnen Staates das civilrechtliche Gesetz, das sich als mangelhaft erwiesen, durch einen neuen gesetzgeberischen Act leicht abändern kann, während die verschiedenen Völker oder Staaten zu einem Rechtssatz zu einigen, eine durch Jahrzehnte, ja durch Jahrhunderte fortgesponnene Rechtsarbeit bedingt, deren Schwierigkeiten bei jeder gewollten Abänderung wieder hervortreten. Man erwäge endlich, dass es sich auch qualitativ um wichtigere Rechtsinteressen im Völkerrecht als im Civilrecht handelt, da jenes die der Völker, dieses nur die der Einzelnen betrifft. Die Stiftung einer Academie für das Völkerrecht, wie sie im September des verflossenen Jahres in Gent vor sich gegangen, halten wir daher auch nach der Richtung von Bedeutung, dass von Völkerrechtsarbeiten verschiedener Nationen erkannt worden ist, dass dem Völkerrecht eine ernste und wissenschaftliche Arbeit zugewandt werden muss, dass es nicht blos wie bisher als eine Zierpflanze in den Lustgärten der Diplomaten gepflegt werden und auch nicht vom Zufall abhängen soll, wem seine literarische Behandlung zuzufallen habe, wer in seinen Mussestunden für dasselbe Zeit finde. Wir erblicken darin eine Anerkennung des Völkerrechts als eine Hauptwissenschaft und als ein Hauptrecht, und wird die Academie in weitesten Kreisen und auch bei den Mächtigen der Welt nur insoweit eine Anerkennung sich verschaffen und erhalten, als sie in strenger Arbeit, nicht in phrasenhafter Rede ihren Beruf sieht. Dass nur das Erstere gewollt wird, dafür bürgen uns die Namen der Männer, welchen sie ihre Anregung verdankt und der Männer, welche sie cooptirt.

Die Arbeit der Academie, so weit sie nicht berufen wird, anhängige Streitsachen zu entscheiden, wird wesentlich Vorarbeit für die Codification sein müssen und erst nach Beendigung jener wird sie zum Versuch dieser schreiten können.

„Jeder Theil des Rechts hat solche Stücke, wodurch die übrigen gegeben sind — die leitenden Grundsätze. Diese herauszufühlen und von ihnen ausgehend den innern Zusammenhang und die Art der Verwandtschaft aller juristischen Begriffe und Sätze zu erkennen, gehört eben zu den schwersten Aufgaben der Rechtswissenschaft, ja es ist eigentlich dasjenige, was der Arbeit den wissenschaftlichen Chararakter giebt" (Savigny S. 22). Eine Prüfung der leitenden Grundsätze des Völkerrechts ist daher auch eine nothwendige Vorarbeit für dessen Codification, so wie ohne ein festes, einheitliches, alle einzelnen Grundsätze oder besser Bindesätze beherrschendes Princip eine wissenschaftliche Darstellung des Völkerrechts nicht gedacht werden kann. Erst in unserem Jahrhundert hat die Ergründung des Princips begonnen, indess ist das Resultat noch keineswegs ein genügendes und ist die Principienfrage von Vielen entweder ganz unbeachtet gelassen, oder als eine unwichtige Frage mit einigen Worten abgethan. Welche Folgen dann diese mangelhafte Würdigung des Princips gehabt, ist an dem Zustande der Völkerrechtswissenschaft, deren Collaboratoren principiell nach allen Richtungen auseinandergehen und selten zusammentreffen recht ersichtlich. Welche Wirkungen aber ein Gesetzbuch ohne leitende Bindesätze haben würde, hat uns v. Savigny dargelegt und gilt Dasselbe sowol für die Wirkungen der principiell mangelhaften wissenschaftlichen Darstellungen als der ebenso beschaffenen Codificationen des Völkerrechts. Denn, sagt Savigny, „entsteht das Gesetzbuch in einer Zeit, welche der Kunst, die leitenden Grundsätze herauszufühlen und von ihnen ausgehend den innern Zusammenhang und die Art der Verwandtschaft aller juristischen Begriffe und Sätze zu erkennen, nicht mächtig ist, so wird die Rechtspflege scheinbar durch das Gesetzbuch, in der That aber durch etwas anderes, was ausser dem Gesetzbuch liegt, als der

wahrhaft regierenden Rechtsquelle beherrscht werden. Dadurch würde nicht bloss der einzelne Inhalt, sondern selbst
der Begriff und die allgemeine Natur dieser eigentlich
regierenden Rechtsquelle verkannt werden, wie sie denn unter
den verschiedensten Namen bald als Naturrecht, bald als
jurisprudence, bald als Rechtsanalogie vorkomme". Gerade
so ist nun das positive Völkerrecht von einer ausserhalb
desselben liegenden Rechtsquelle und namentlich vom Naturrecht beherrscht worden und dadurch hat es eben vom
Anfange an als nicht positiv gelten müssen und ist es
auch dadurch andererseits mit unjuristischer Arbeit reichlich
bedacht worden. Das Völkerrecht erschien in ersterer Beziehung als von der Sanction und Gnade des Naturrechts abhängig und war in letzterer der Zutritt zur Arbeit für dasselbe Allen offen gehalten, die human denken und Humanes
erstreben wollten, wofür dann jeder die ihm passende und
den weitesten Erfolg verbürgende Form wählte. Daher lag
es denn ganz besonders nahe, das Völkerrecht durch die
Wissenschaft aller Wissenschaften, mit der gleichsam jeder
geboren ist und für welche jeder geboren ist, durch die
Philosophie in den Gedankenkreis der Menschen einzuführen.
So allgemein eingeführt, glaubte man dem Völkerrecht auch
die allgemeinste Aufnahme zu sichern, übersah aber dabei,
dass je allgemeiner die Auffassung war, das Völkerrecht um
so mehr von der ihm durch den besonderen Zweck gebotenen
Eigenthümlichkeit einbüsste, dass die Allgemeinheit kein in
den Gegenstand tiefer eindringendes Verständniss zur Wirkung
hatte, sondern eine an der Oberfläche haftende Flachheit von
Deductionen, wie sie uns ganz besonders in Vattel, dem ver-
flachten Wolff entgegentreten, dessen Buch trotzdem dem
verdorbenen Geschmack der Diplomaten, welche ihr Hand-
werk glatt und gewandt und mit möglichst wenig geistiger
Anstrengung üben wollten, seit seinem Entstehen zusagte und
dem grossen Kreise der Routiniers noch heute zusagt. Die
Verbindung des Völkerrechts mit dem Naturrecht hat jenes
trivialisirt, anstatt es in die erträumten Höhen zu erheben,
und es zugleich von seiner alleinigen Quelle, der internatio-

nalen Rechtsüberzeugung abgelenkt, ja diese Ueberzeugung
vollständig in philosophische Nebeldünste verhüllt, so dass
das intensive Licht der Strahlen der Ueberzeugung nie hin-
durchbrechen konnte. Und die Männer der ,Wissenschaft
haben sich meist von diesem naturrechtlichen Dunst betäuben
lassen, anstatt mit festem Plan in den reichen Schacht der
Verträge hinabzusteigen und dort das klare Recht zu schür-
fen. Solche Bergmannsarbeit ist wenig verrichtet worden,
viele Schlacken und wenig Edelmetall sind an das Tageslicht
gefördert. Möchte die gegenwärtige und zukünftige Generation
einholen, was die gegenwärtige und vergangene versäumt.

„Kommt nun zu der mangelnden Erkenntniss der leitenden Grundsätze das Bestreben nach materieller Vollständigkeit hinzu, so werden sich sehr häufig die einzelnen Entscheidungen durchkreuzen und widersprechen. Dieser Erfolg
ist gleich für die Gegenwart unvermeidlich, wenn auf diese
Weise ein Zeitälter ohne inneren Beruf seine Ansicht des
Rechts durch das Ansehen der Gesetzgebung fixirt, eben so
nachtheilig ist aber die Wirkung auf die folgende Zeit.
Denn wenn in dieser günstigere Bedingungen für die Behandlung des Rechts eintreten, so ist nichts förderlicher als die
vielseitige Berührung mit früheren einsichtsvollen Zeiten. Ist
nun aber dann schon zu frühzeitig ein Gesetzbuch entstanden,
so steht es in der Mitte und hemmt und erschwert diese
Berührung auf allen Seiten. Ohnehin liegt in der einseitigen
Beschäftigung mit einem gegebenen positiven Recht die Gefahr, von dem blossen Buchstaben überwältigt zu werden,
das mittelmässige Gesetzbuch aber muss mehr als alles andere
diese Herrschaft einer unlebendigen Ansicht des Rechts be-
festigen". Diese von Savigny für das Civilrecht geschilderten
Gefahren sind nun freilich für das Völkerrecht nicht sobald
vorhanden. Nicht in dem zu viel, sondern in dem zu wenig
liegt hier zunächst die Gefahr. Bis zu einem Gesetzbuch ist
noch ein weiter Weg und ein noch weiterer bis zur Annahme
desselben auch nur durch die Mehrzahl der Staaten. Auch
sehen wir nicht ab: woher die Arbeiter für das Gesetz-
gebungswerk dem Völkerrecht kommen sollen. Diejenigen,

die blos den Willen haben, werden meist des erforderlichen
Wissens entbehren und denjenigen, welchen das Wissen eigen
ist, wird der Wille eben desshalb fehlen, denn sie kennen
den mangelhaften Zustand des Materials zu gut, um eine
Codification wagen zu wollen. Eine mittelmässige Arbeit
wird aber schon desshalb zur Annahme und Anerkennung
nicht gelangen, und nur eine solche wäre doch jetzt zu be-
schaffen möglich. Nicht aber in Bezug auf alle einzelnen
Gegenstände gilt Das, wesshalb die Regelung einzelner Fragen
eben so wenig unmöglich scheint, als es bereits gelungen ist,
in Monographien dieselben wissenschaftlich tüchtig zu bear-
beiten. Die Pariser Seerechtsdeclaration, die Genfer Convention, die Petersburger über den Nichtgebrauch von Spreng-
geschossen im Kriege haben jene Möglichkeit erwiesen, und
der in Aussicht genommene Brüsseler Congress wird, soweit
die aufgeforderten Contrahenten ihren Beitritt und ihre Zustimmung zu den zu fassenden Beschlüssen nicht durch zu viel
Clauseln illusorisch machen, hoffentlich auch Resultate aufweisen.

„Ausser dem Stoff muss aber auch die Form des Gesetzbuchs in Erwägung gezogen werden, denn der Verfasser des
Gesetzbuchs kann das Recht, welches er bearbeitet, völlig
durchdrungen haben, und seine Arbeit wird dennoch ihren
Zweck verfehlen, wenn er nicht zugleich die Fähigkeit der
Darstellung hat“. Savigny warnt dabei sowol vor einer
trockenen, nichtssagenden Kürze als vor Weitläufigkeit. Ein
Völkerrechtsgesetzbuch wird klar und kurz sein müssen, so
dass es nicht blos von den Doctrinairen verstanden und
gekannt wird, sondern die Völker es kennen, verstehen und
daher leichter befolgen können.

„Die Fähigkeit zur Gesetzgebung wird von dem Werth
und der Ausbildung der juristischen Technik abhangen. Ein
zweifacher Sinn ist dem Juristen unentbehrlich: der historische, um das Eigenthümliche jedes Zeitalters und jeder
Rechtsform scharf aufzufassen, und der systematische,
um jeden Begriff und jeden Satz in lebendiger Verbindung
und Wechselwirkung mit dem Ganzen anzusehen, d. h. in
dem Verhältniss, welches das allein wahre und natürliche ist.

Dieser zwiefache wissenschaftliche Sinn findet sich ungemein wenig in den Juristen des achtzehnten Jahrhunderts, und vorzüglich ein vielfältiges flaches Bestreben in der Philosophie wirkte sehr ungünstig" (Savigny S. 48). Desshalb haben auch wir bei Betrachtung der Theorie des Völkerrechts juristische Technik, historische, insbesondere rechtsgeschichtliche Entwickelung seiner Sätze und systematische, nicht blos äussere, sondern auch innere Ordnung verlangt. Ohne ein solches Vorarbeiten in der Wissenschaft ist auch die Erlangung einer juridisch construirten, historisch begründeten, systematisch äusserlich und innerlich geordneten Gesetzgebung gar nicht denkbar. Was aber v. Savigny rücksichtlich des nachtheiligen Einflusses der Philosophie auf die Jurisprudenz im achtzehnten Jahrhundert sagt, gilt für das Völkerrecht noch im neunzehnten. Zwar sollte man von der Philosophie erwarten, dass sie erhebt, indess zieht die banale herab, wenn sie breitgetretene Pfade wandelt und wenn, wo der Gedanke fehlt, zur rechten Zeit ein Wort sich einstellt. Die Phraseologie ist in den Völkerrechtswerken leider gar zu sehr heimisch und sie schmückt das Völkerrecht nicht, wo dieses sich selbst nicht zu schmücken vermag, noch weit weniger vermag aber ein positiver Rechtssatz durch ein philosophisches Ornament ersetzt zu werden. Auch für die Völkerrechtswissenschaft gilt v. Savigny's Wort: „Wir haben die Wahl, ob wir, nach Baco's Ausdruck, wollen sermocinari tanquam e vinculis oder ob eine gründliche Rechtswissenschaft uns lehren soll, den historischen Stoff als unser Werkzeug zu gebrauchen, ein Drittes giebt es nicht".

„Es ist ein Irrthum, zu glauben, das Allgemeine werde an Leben gewinnen durch die Vernichtung aller individuellen Verhältnisse" (v. Savigny S. 42). So wird auch das Völkerrecht die Individualität der einzelnen Staaten und ihrer Rechtsentwicklung achten müssen und erst aus dieser positiven Besonderung sich das dieser entsprechende positive Allgemeine entwickeln, während die von vornherein vorgenommene s. g. naturrechtliche oder philosophische abstracte Allgemeinheit nach Gesetzen der Vernunft oder auf der Basis

der Menschennatur eine zunächst unpraktische Idee ist und
nur ein in weiter Ferne erblicktes Ziel, ein Ideal, zu welchem sich im Kampf um's Recht die Völker nie vollständig
hindurch ringen werden.   So wie es nie einen ewigen Frieden geben wird, wird es auch nie einen paradiesischen Rechts-
zustand der Völker geben.   Vor den nachtheiligen Folgen
der Absonderung warnt aber auch die Staaten oder Völker
der Satz v. Savigny's (S. 115): „Sobald wir uns nicht unseres
individuellen Zusammenhanges mit dem grossen Ganzen der
Welt und ihrer Geschichte bewusst werden, müssen wir nothwendig unsere Gedanken in einem falschen Lichte von Allgemeinheit und Ursprünglichkeit erblicken.   Dagegen schützt
nur der geschichtliche Sinn, welchen gegen uns selbst zu
kehren gerade die schwerste Anwendung ist." Jene Forderung stellt die Internationalität.   Ohne die Befolgung der Gebote ihrer Gemeinschaft entwickelt sich die selbstsüchtige
Politik, die jedes allgemeinen Rechtsgefühls baar ist, weil sie
nur ihr vermeintliches Sonderrecht oder richtiger ihr Sonder-
gelüste durchzusetzen trachtet.   Für die Prüfung aber: ob die
Staaten in ihren Actionen sich dem Recht gemäss verhalten oder
nicht, dient als Maasstab die Geschichte, welche den Rechtsge-
danken durchführt und nicht die Eitelkeit einer zu erstrebenden
politischen Grösse, welche eine nach der andern die Geschichte
hat untergehen lassen und noch untergehen lassen wird, wenn
sie wider das Recht erstrebt wurde.   Dieser historische Sinn
ist der wahrhaft internationale und er allein ist im Stande, vorzubereiten auf die dem Völkerrecht die Wege bahnende internationale Ausgleichung der nationalen Rechtsüberzeugungen, die
Sondervölkerrechte oder die Sonderstellungen, welche die
einzelnen Staaten zum Völkerrecht eingenommen haben, auf-
zulösen in ein allgemeines, allein wahres und eigentliches
Völkerrecht.   Ohne eine solche vorhergehende Ausgleichung
ist aber eine allgemein anerkannte Codification ganz undenkbar.

Im Gegensatz zu Savigny hatte Thibaut [128] bekanntlich die

---

[128] Ueber die Nothwendigkeit eines allgemeinen bürgerlichen Rechts
für Deutschland.   Heidelberg 1814.

Möglichkeit einer baldigen Codification angenommen und bei Besprechung der Frage: „wer dieses Werk machen soll", auf zwei Classen von Arbeitern gerechnet, auf Geschäftsmänner und Juristen von gelehrtem Beruf. Indess war seine Erwarwartung von den ersteren sehr mässig und setzte er auf die Gelehrten keine übertriebene Hoffnung, und desshalb fordert er eine collegialische Verhandlung. „Nicht Einer und auch nicht Wenige, sondern Viele und aus allen Ländern sollen das Gesetzbuch machen." v. Savigny wendet dagegen ein (S. 157 ff.): „dass das Gesetzbuch eine solche Arbeit sei, worin die vereinigte Kraft Vieler keineswegs eine nach Verhältniss erhöhte Kraft sein würde und dass auf diesem Wege ein löbliches, treffliches Werk gar nicht entstehen könne und zwar aus dem einfachen Grunde, weil es nach seiner Natur weder eine einzelne Bestimmung, noch ein Aggregat solcher einzelner Bestimmungen sei, sondern ein organisches Ganzes. Werde in Gedanken eine Anzahl der jetztlebenden Juristen ausgewählt und gefragt, ob aus deren gemeinschaftlicher Arbeit auch nur ein System des bestehenden Rechts hervorgehn könne: so werde man bald von der völligen Unmöglichkeit sich überzeugen. Dass aber ein G e s e t z b u c h eine viel grössere Arbeit sei und dass von ihm besonders ein höherer Grad _ organischer Einheit verlangt werden müsse, würde gewiss niemand leugnen". Savigny sieht daher das rechte Mittel nicht in einem Gesetzbuch, sondern in einer organisch fortschreitenden Rechtswissenchaft. — Auch diese Sätze auf das Völkerrecht angewandt, würden zur Codification desselben Staatsmänner und Gelehrte mitzuwirken haben und zwar aus verschiedenen Nationen, jene würden das staatlich-mögliche oder annehmbare zu constatiren und die Sanction zu vermitteln, diese das juristisch-technische zu leisten haben. Bevor aber diese Arbeit in Angriff genommen werden könnte, müsste auch für das Völkerrecht die organische Rechtswissenschaft wirksam sein, das positive Material an den Tag fördern und es principiell ordnen, ohne diese Vorarbeit bleibt auch ein völkerrechtliches Gesetzbuch eine Unmöglichkeit.

Ist nun also eine Codification · des Völkerrechts jetzt noch nicht an der Zeit, so wirft sich auch hier die Frage auf: „Was wir thun sollen, wo keine Gesetzbücher, hier kein Gesetzbuch vorhanden ist?" Für das Völkerrecht sind wir da auf die beiden Erscheinungsformen desselben hingewiesen: auf das Herkommen und das Vertragsrecht. Ersteres namentlich; wir geben es zu, wird leicht zu behaupten, schwer zu erweisen sein, letzteres ist bei genauer Kenntniss der Verträge durchaus nicht so unzureichend, wie Viele annehmen. Trotz beider Formen wird das positive Völkerrecht allerdings vielfach lückenhaft sein und wird eine allgemeine Vereinbarung Viel zu ergänzen haben, dennoch aber wird es dabei vorläufig sein Bewenden haben müssen, denn weder der gesammte Stoff, viel weniger der principiell geordnete liegt vor, um schon jetzt den Inhalt einer Codification bilden zu können und dass Das in der That der Fall ist, hat uns nicht blos der früher besprochene mangelhafte Zustand der Völkerrechtswissenschaft gelehrt, sondern werden auch die noch zu besprechenden Codificationsversuche lehren, welche als verfrühte bezeichnet werden müssen und die eben desshalb nirgends bei Sachverständigen das Verlangen nach einer Erhebung derselben zu Gesetzbüchern ernstlich geweckt haben.

---

2. Codificationsversuche.

Im Jahre 1851 veröffentlichte Augusto Parodo in Turin: „Saggio di codificazione del diritto internationale." Der Verf. erstrebte, dass durch ein überall giltiges Gesetz die persönliche Fähigkeit des Fremden zur Ausübung aller civilrechtlichen Handlungen anerkannt werde, und dass die allgemeine Ausübung der Privatrechte aus dem internationalen Rechte hervorgehe. In sieben Titeln handelt er von den Personen, von den Sachen, vom Eigenthum, von den Erbschaften, von den Hypotheken, von den Klagen vor Gericht, von den Requisitorialschreiben der Behörden und dem Vollzuge der Urtheile. Nicht in die Privatrechte gehören offen-

bar die im IX. und X. Titel codificirten Rechte der diplomatischen Agenten, Gesandten, Minister, Consuln, Vice-
consuln und Agenten für Handelsinteressen. Titel XI/XVI
sind dem internationalen Strafrecht gewidmet. Auch die allgemeine Freiheit des Handels, die Ein- und Ausfuhr-Zölle
und Handelsabgaben werden gleichförmig geregelt, und sind
in besonderen Titeln die Annahme eines allgemeinen Maass-
und Gewichtssystems und der Münzeinheit enthalten. See-
rechtliche Bestimmungen, wie über die Nationalität und
Tragfähigkeit der Schiffe, Schiffbruch und Havarie, und see-
polizeiliche, wie über das Sanitätswesen, namentlich Quaran-
tainen und Lazarethe, bilden den Inhalt anderer Titel. Die
Artikel des Gesetzentwurfs belaufen sich auf 555.

Wir sind dem Auszuge Pierantoni's (l. c. 122 ff.) gefolgt. Die Systematisirung schliesst sich zunächst der des
röm. Privatrechts an, hierauf wird einiges Processualistische
behandelt, dann zu den Rechten der Gesandten und Consuln,
zum internationalen Strafrecht, zum materiellen Verkehr, zum
Sanitätswesen und Seerechtlichen übergegangen. Kurz der
Codex handelt de nonnullis et quibusdam aliis. Pierantoni
selbst sagt, dass der Mängel weder wenige noch geringe sind
und meint, dass das einstige Gesetzbuch über das Völkerrecht nach diesem Plane nicht hergestellt werden würde.
Ist noch heutzutage eine Codification nicht an der Zeit, so
ist sie es 1851 noch weniger gewesen, dennoch ist Parodo's
Versuch als erster immer beachtenswerth.

Nur dem Namen, nicht dem Wesen nach sind Codificationen die von Siegfried Weiss 1854 und 1858 in Paris veröffentlichten: „Code du devoir et du droit d'une puissance
neutre" und „Code du droit maritime international". Der Verf.
nennt den ersteren, 44 Paragraphen haltenden, Code selbst eine
These, wir nennen ihn einen Grundriss, vermissen aber dann
jeden literärischen und vertragsmässigen Beleg; im zweiten
Code handelt der Verf. von der Unbilligkeit des geschriebenen
Rechts der historischen Schule und von der Billigkeit der
Schule des Naturrechts.

Der erste Band des 2ten Code enthält eine Geschichte des

in seinem „Précis d'un Code du droit international (Leipzig)".
Er erblickt ein Haupthinderniss der Verständigung der Staaten
über einen gemeinschaftlichen Codex in der falschen Ausdehnung, welche der Idee des Völkerrechts durch Beimischung
von Natur-, Staatsrecht und Politik gegeben sei. Leicht sei
es, die beiden ersteren, in sich geschlosseneren und daher leichter
zu unterscheidenden Bestandtheile aus dem Völkerrecht aus-
zuscheiden, während die noch nicht zum Range einer Wissenschaft erhobene und sich immer mehr in die Materien des
internationalen Rechts einmischende Politik nicht so leicht
vom Völkerrecht abzutrennen sei, wenngleich sich beide ganz
wesentlich von einander unterscheiden, da das internationale
Recht die Rechtsmaximen für die gegenseitigen Beziehungen der Staaten darzulegen habe, während die Politik nur
eine Klugheitslehre sei, welche die Mittel lehre, zukünftige
Uebel zu vermeiden, um die gegenwärtigen Güter zu erhalten
und neue zu erwerben. Auf dieser Unterscheidung beruhe
die Möglichkeit einer schliesslichen Einwilligung der Staaten
zur vertragsmässigen Annahme eines gemeinsamen Codex des
Völkerrechts.

Der Verf. führt weiter aus, dass nur über sehr wenige
Gegenstände des Völkerrechts nicht zahlreiche Verträge unter
verschiedenen Staaten abgeschlossen seien. Beim Vergleich
der vorhandenen Verträge finde man nicht nur meist übereinstimmende Principien, sondern dass dieselben auch in vollständig übereinstimmender Weise ausgedrückt seien. Als
Mittel, eine noch grössere Uebereinstimmung und die Annahme
eines gemeinschaftlichen Codex des Völkerrechts herbeizu-
führen, bezeichnet der Verf. eine internationale Commission,
welche die Fragen der hohen Politik: die Intervention oder
Nichtintervention, das politische Gleichgewicht u. s. w. bei
Seite lassend, aus den Schriften und zahlreichen Verträgen
zusammenzufügen hätte, was nach der fast einstimmigen Ansicht der Schriftsteller und Staatsregierungen wirklich als gemeinsames Recht anzusehen wäre, welche ferner bestrebt sein
müsste, durch gegenseitige Concessionen die noch bestehenden
verschiedenen Meinungen zu vereinigen und welche endlich

das Ganze in der Form eines allgemeinen Codex in Artikeln redigiren sollte, die alle Staaten vertragsmässig anzunehmen und in ihren resp. Territorien zu publiciren hätten. Den Entwurf eines solchen Codex beabsichtigte der Verf. mit seiner Arbeit.

Der Verf. verglich die bereits abgeschlossenen Verträge, die Meinungen der Juristen und Publicisten aber erst dann, falls die Verträge über bestimmte Gegenstände schwiegen oder einander widersprachen. Von den Verträgen wollte er aber nicht die in der Geschichte und Diplomatie berühmt gewordenen vor allen übrigen beachtet wissen, weil jene nur für einige Zeit die territorialen Beziehungen der Staaten regelten und ihre Differenzen zu Gunsten des einen oder anderen und in der Regel zu Gunsten des Stärkeren entschieden, denn solche Verträge scheinen dem Verf. gegenüber dem Völkerrecht dieselbe Stellung einzunehmen als die Conventionen und Verträge der Privatpersonen gegenüber der Gesetzgebung ihres Staates. Jene Verträge bildeten nicht einen Theil des Völkerrechts, welches vielmehr nur die Principien ihrer Rechtskraft und Interpretation lehre, sondern gehörten der allgemeinen Geschichte an, sie seien zwar giltig und verbindlich, indess nur nach der Regel „contractus ius facit inter partes". Als die wichtigsten Verträge erscheinen dem Verf. die zahlreichen Handels- und Schifffahrtsverträge, die Reglements über die freie Flussschifffahrt, die Verträge zur Unterdrückung des Sklavenhandels, die Reglements über den Rang der diplomatischen Agenten; für das Kriegsvölkerrecht die Verträge über die bewaffnete Neutralität, der Vertrag zwischen den Vereinigten Staaten von Nordamerika und Preussen von 1785, die Seerechtsdeclaration vom 16. April 1856 u. s. w.; für das internationale Privatrecht die die Behandlung der Fremden betreffenden Gesetze und Conventionen, die Verträge über die Aufhebung der Abzugsrechte und die Cartelle.

Beim Vergleich aller dieser Gesetze und Verträge hielt der Verf. es für seine erste Pflicht, auf die auf das Recht und die Gebräuche bezüglichen Satzungen Rücksicht zu nehmen

und fand er durch einmüthige Zustimmung der Staaten ein
Princip sanctionirt, so nahm er dessen Ausdrucksweise fast
wörtlich auf.

Der Verf. vertheilte den Stoff in zwei Haupttheile: das
droit international public und privé, das erstere in das droit
international public in Friedens- und Kriegszeiten und das
letztere in das internationale Civil- uud Criminalrecht.

Die einzelnen 236 Artikel (S. 25—102) sind präcis
gefasst.

Anzuerkennen ist die klare Unterscheidung der verschiedenen internationalen Gebiete und der für sie maass-
gebenden besonderen Principien, das Streben zu einem un-
vermischten Recht zu gelangen, die Methode der Arbeit und
deren Durchführung. Zu bedauern ist aber, dass der Verfasser die Eintheilung in Friedens- und Kriegsvölkerrecht nicht
vollständig verlassen und dass er ein öffentliches und privates
Völkerrecht unterschieden, denn das Völkerrecht kann nicht
anders als ein öffentliches, und nie ein privates Recht sein. Zwar
kann sich für die Qualification eines Theiles des internationalen Rechts als internationales Privatrecht der Verf. auf
einen fast allgemeinen Gebrauch oder vielmehr Missbrauch
beziehen, aber da der Verfasser ein Mal die bisher übliche
Systematisirung verliess, konnte er es ja vollständig thun.
Von Gegenständen vermissen wir aber die Retorsion, Repressalien und den Schiedsspruch, über welche es ja Bestimmungen
giebt [129]. Einzelne der aufgenommenen Bestimmungen entsprechen aber weder den Verträgen noch der opinio doctorum, so z. B. die des art. 107, dass eine formelle Kriegser-
klärung nicht nöthig sei; die des art. 119, dass weder der
Souverain, noch Glieder seiner Familie im Kampf getödtet
werden dürfen [130], und die des art. 103, dass auch letztere
exterritorial sein sollen und die, dass die Marodeure wie Piraten

---

[129] S. meinen Artikel über diese Fragen in Holtzendorff's Rechtslexicon, 1. und 2. Ausg.

[130] S. m. Artikel über die „Exterritorialität" der Souveraine eben-
daselbst.

zu behandeln seien [131]). Auch ist die von dem Verf. gewollte
unvollständige Neutralität ebenso unzulässig als eine modi-
ficirte [132]). Auf die Verträge brauchte nicht verwiesen zu
werden bei den in art. 15 enthaltenen Bestimmungen über
die Intervention und Mediation (Vermittelung), denn diese
Institute gehören, sowohl der Theorie als Praxis nach,
schon in das allgemeine Völkerrecht [133]). Die Artikel 59 u.
101 sind nicht genau gefasst, sie widersprechen sich einander, wenn auch klar ist, dass der Verf. gemeint hat, dass
die Consuln im Allgemeinen keinen diplomatischen Charakter
haben, die im Orient aber wol.

Uebrigens haben wir mit unseren Ausstellungen den
Vorzügen der Arbeit, da diese überwiegend sind, keinen Ein-
trag thun können, bei einer zukünftigen Codification wird
dieser Versuch alle Beachtung verdienen und bleibt es um
so mehr desshalb zu bedauern, dass der Verfasser seine Vorarbeiten zu demselben nicht veröffentlichte, es wäre dadurch
ein Nachweis der übereinstimmenden Verträge und Meinungen
gewonnen und zugleich ein Anfang zu der längst ersehnten
Dogmengeschichte des Völkerrechts gemacht worden.

Professor Lieber in New-York verfasste während des
Nordamerikanischen Bürgerkrieges im April 1863 eine „Instruction für die Armeen der Vereinigten Staaten im Felde“,
welche von einer Commission von Officieren geprüft und von
dem Präsidenten der V. St., Lincoln, genehmigt wurde. Die
Artikel dieser Instruction dienten theils zur Grundlage und
wurden theils wörtlich aufgenommen in das von Bluntschli
als Rechtsbuch dargestellte „moderne Kriegsrecht der
civilisirten Staaten“ (Noerdlingen, 1866), in welches auch
hinübergenommen wurde die internationale Genfer Convention
zur Fürsorge für verwundete Krieger vom J. 1864. Bluntschli sah sich zu dieser Arbeit durch die im J. 1866 drohende
Kriegsgefahr veranlasst, Felix Dahn zu seiner über das

---

[131]) S. m. Art. über die „Maradeure“ ebend.
[132]) S. m. Art. „Neutralitätsgesetze“ ebend.
[133]) S. m. Artikel „Vermittelung“ ebend.

„Kriegsrecht" (Würzburg 1870) durch den französisch-deutschen Krieg. Letztere ist eine, auch nur gewollte, gute populaire Belehrung, besonders für den deutschen Soldaten, Bluntschli's „Kriegsrecht" ist ein seinem späteren Rechtsbuch vorausgesandter Abschnitt. In diesem letzteren vertheilte Bluntschli den Stoff in IX Bücher:

I. Begründung, Natur u. Grenzen des Völkerrechts.
II. Völkerrechtliche Personen;
   1) die Staaten,
   2) die Staatensysteme.
III. Völkerrechtliche Organe:
   1) die Staatshäupter,
   2) andere Organe des völkerrechtlichen Verkehrs, Gesandte,
   3) Agenten und Commissäre,
   4) Consuln.
IV. Die Staatshoheit im Verhältniss zum Land: Gebietshoheit.
V. Die Staatshoheit im Verhältniss zu den Personen.
VI. Völkerrechtliche Verträge.
VII. Verletzungen des Völkerrechts und Verfahren zur Herstellung desselben.
VIII. Das Kriegsrecht.
IX. Recht der Neutralität.

Von den durch Bluntschli unter „Staatensystem" behandelten Gegenständen:

1. Gleichgewicht, 2. Heilige Allianz, 3. Pentarchie, 4. allgemeine Congresse, gehören nur die letztgenannten in das Völkerrecht, denn das erste ist ein politisches System, das zweite ein moralischer Verband, und die dritte bezeichnet kein rechtliches, sondern ein factisches Machtverhältniss. Die Congresse aber rechnen zu den Mitteln des friedlichen Verfahrens Scheiden wir daher die Staatensysteme aus, welche, aus mehrfach im Verlauf unserer Schrift erörterten Gründen, im Völkerrecht keine Stelle finden, sondern, soweit sie überhaupt in Betracht kommen, in das Gebiet der äusseren Politik hineingehören, so erübrigen als völkerrechtliche Personen

die von uns als alleinige Subjecte des Völkerrechts bezeichneten Staaten und würde dann Buch V. die Concessionen
der Souverainetät der Staaten zu Gunsten der internationalen
Gemeinschaft enthalten, Buch IV aber dasjenige was wir als
Recht der Objecte bezeichnet haben; Buch VI indess nur
einen Theil der Acte: die Verträge, Buch III die Organe,
Buch VII das gütliche, bei Bluntschli zum Schluss auch verschiedene Mittel des gewaltsamen Verfahrens wie Repressalien
und Retorsion, Buch VIII nur gewaltsames Verfahren: das
Kriegsrecht und Buch IX ein durch den Krieg bedingtes und
daher auch bei ihm zu behandelndes Institut: die Neütralität.
Die Eintheilung in Kriegs- und Friedensrecht ist bei Bluntschli zwar aufgegeben, indess ist kein eigenes System gegeben und ist den bisher irrthümlicher Weise im Völkerrecht behandelten Gegenständen Rechnung getragen. Trotz
der Artikelform ist das Rechtsbuch ein Lehrbuch, sowol nach
Form als Inhalt. Zwar meint Bluntschli, dass Rechtsbücher,
in denen die geltenden Rechtssätze von rechtskundigen Personen aufgezeichnet und dargestellt werden, ein Surrogat der
Gesetzgebung seien und dass der Inhalt solcher Rechtsbücher
in der Hauptsache ganz derselbe wie der Inhalt der Gesetzbücher sei: es würden darin die geltenden Rechtsnormen ausgesprochen und verkündet; zwar sagte v. Savigny, wie oben
angegeben, „dass der Unterschied zwischen einem Rechts-
und Gesetzbuch lediglich in der Veranlassung und Bestätigung
von Seiten des Staates liege, nicht in der Natur der Arbeit
selbst", — indess kann doch die Bluntschli'sche Arbeit als ein
Codificationsversuch trotzdem nicht betrachtet werden, denn
dazu fehlt zweierlei: 1. die Ausdrucksweise von Gesetzen,
welche wesentlich nur verba enuntiativa, nicht dispositiva zu
enthalten haben, indem letztere vielmehr nur als Motive erscheinen; 2. der im Einzelnen geführte Nachweis, dass die
von Bluntschli proponirten Bestimmungen in der That auch
positiv seien. Pierantoni konnte daher nicht das Bluntschli'sche
Rechtsbuch als eine Codification bezeichnen und Bluntschli
selbst bezeichnete es als solche nicht und vindicirte auch demselben nur insofern eine Autorität, als die Wissenschaft

Autorität besitzt und als sie als wahr und gerecht erkannt würde. (S. 6.)

Endlich liegen uns noch „Draft outlines of an international Code by David Dudley Field, New-York 1872" vor. Sie enthalten nicht blos eine Codification der bestehenden Regeln des Völkerrechts, sondern auch solche Modificationen und Verbesserungen, welche die vorgeschrittene Civilisation der Gegenwart erfordre. Somit ward Dudley Field selbst zum Gesetzgeber und codificirte nicht blos bestehendes Recht. Das in dem Code enthaltene Alte soll durch die Noten erklärt und gerechtfertigt, das Neue der Beachtung derjenigen anheimgegeben werden, welche der Ansicht seien, dass die Autorität des öffentlichen Rechts noch viel für den Frieden und die Wohlfahrt der Welt leisten könne.

Der Code wird zunächst in 2 Bücher eingetheilt. Das erste behandelt die Beziehungen der Nation und ihrer Mitglieder zu einander, ausser wenn sie durch den Kriegszustand modificirt sind, das zweite die durch diesen hervorgerufenen Modificationen. Weiter zerfällt das erste Buch in ein Public und Private international law oder die Regeln für die Beziehungen der Nationen zu einander und zu den Mitgliedern anderer Nationen und für die Beziehungen der Mitglieder einer Nation zu denen anderer. Wir brauchen hier nicht zu wiederholen, dass wir diese Systematisirungen für verfehlt halten. Die Unterabtheilungen des Verfassers sind wol zum Theil originell, aber verfehlt. Dagegen ist der materielle Inhalt sorgfältig belegt, namentlich durch eine grosse Zahl von Verträgen, und sehr zu loben; manche Theile sind neu, d. h. wurden von der Völkerrechtswissenschaft bisher noch nicht berücksichtigt. Auch wird der Codex durch Strafbestimmungen sichergestellt, jeder Nation der Beitritt zum ganzen Codex oder einem Theile derselben freigestellt durch Ratifiation und Mittheilung derselben an alle Contrahenten. Ebenso kann jede Nation in derselben Weise ihren Beitritt zurückziehen.

Es unterliegt keinem Zweifel, dass in den 1008 Artikeln des Code ein gewaltiger Reichthum an Rechtsbestimmungen für die internationalen Beziehungen erschlossen ist, und dass ganz besonders dankeswerth sind die reichen positiven Belege und Ausführungen zu den einzelnen Artikeln. Keine zukünftige Codificationsarbeit wird dieses aufgeschlossenen reichen Inhaltes entbehren wollen. Indess wird in diesem Umfange wol schwerlich je ein internationaler Codex, obgleich der Verfasser nur einen Entwurf in Umrissen hat zeichnen wollen, auf praktische Anwendung Anspruch erheben und noch weniger sich jetzt schon einführen können. In einer so grossen Anzahl von Bestimmungen wie sie vom Verfasser, wol zum ersten Male überhaupt, dargelegt sind, ruhen natürlich auch viele Controversen. Indess ist trotzdem gerade durch diese Arbeit die Hoffnung nur gesteigert, dass in der That es in der Zukunft ein umfassendes Gesetzbuch für das Völkerrecht geben werde. Sind wir wahrscheinlich auch noch weit von jener Zeit entfernt, so haben wir ihr doch entgegenzustreben. Gerade eine solche Arbeit, wie die Dudleysche, veranschaulicht uns aber auch die grossen, noch zu überwindenden Schwierigkeiten. Abweichende, immer mehr anwachsende Vertragsbestimmungen und abweichende schriftstellerische Ansichten auszugleichen und darauf ein positives Recht aufzurichten, ist wahrlich keine geringe Arbeit. Aber um so mehr erhellt, dass mit den Kräften der bisherigen Mitarbeiter das Ziel nicht erreicht werden wird, dass die Staaten, welche ein Völkerrecht wollen, auch ganz anders für die Lehre und das Studium desselben und die sie basirenden Sammlungen von Actenstücken zu sorgen haben, dass endlich das ferne Ziel einer umfassenden Völkerrechtsgesetzgebung zunächst nur im Einzelnen, nicht im Ganzen erreicht werden kann. Lieber's Initiative und Bluntschli's weitere Ausführung des Angeregten sind daher ebenso dankbar anzuerkennen, als die von den Staaten bisher unternommenen Regelungen einzelner Fragen. Ist erst ein Mal die internationale Legislation in Fluss gekommen, ist erst die Erfahrung der Möglichkeit einer völkerrechtlichen Legislation und ihrer Sanction gewonnen, so wird leicht eine Arbeit der anderen folgen. Nicht früher wird aber das Recht voll herrschen in

den internationalen Beziehungen, nicht früher wird es die
äussere Politik in ihre Schranken weisen können als bis der
Völkercodex als Weltrecht hergestellt, von den Staaten anerkannt und für alle als bindendes Gesetz publicirt ist und
ein Gericht für dessen Beobachtung festgestellt ist.

Die wesentliche Voraussetzung einer völkerrechtlichen
Codification ist aber die Annäherung der Nationen in ihren
Rechtsüberzeugungen, deren Voraussetzung aber wieder die
gegenseitige Achtung der Nationen als Mitglieder einer und
derselben Rechtsgemeinschaft ist. Man eifert gegen die
stehenden Heere, indess gefährden diese den Frieden bei
Weitem nicht so als die zu Anfeindungen, Verdächtigungen, ja
Beschimpfungen vielfach gerüstete und sie übende Presse,
und die selbst in den Volksvertretungen zum Ausdruck kommenden Wuthausbrüche eines fanatisirten Antinationalismus.
So lange daher die nationalen Antipathien sich nicht in internationale Sympathien wandeln, so lange sich die Internationalität nicht mächtig genug erweist, die Nationalitätsge-
setze zu beherrschen, sie auszugleichen und zur humanen Einheit zurückzuführen, so lange nicht die internationale Vernunft die nationale Unvernunft überwunden hat, so lange ist
nicht ein Mal die Voraussetzung eines gemeinsamen Rechtsbewusstseins gegeben, so lange sprudelt nicht, sondern ver-
siegt der Quell, welchem das internationale Recht entspringen
und durch welchen es sich immerfort verjüngen soll.

Ohne Gesinnung für das gleiche Recht Aller ist ein gemeinsames Rechtsbewusstsein undenkbar. Es gilt die tiefe
Kluft zwischen Moral und Recht auch hier auszufüllen. Das
kann aber nicht geschehen durch Wachrufen anderer Antipathien, der religiösen, die wiederum nur noch heftiger die
innersten Leidenschaften gegen einander entflammen, sondern
durch die Erfassung der Religion als der Lehre des Friedens,
die nicht trennt, sondern bindet. Die Religionskriege der
Vergangenheit, die Nationalitätskriege der Gegenwart sind
mit sich überbietender Erbitterung geführt worden, es bedarf
der unausgesetzten Arbeit aller dem Völkerrecht Geneigten,
die gegen einander religiös wieder und national neu erregten

zu beruhigen, sie auf die Gemeinsamkeit ihrer Religion und
Abkunft hinzuweisen und sie vorzubereiten zu der selbst-
losen internationalen Anschauung, welche allein sie dazu befähigt, ein Recht untereinander aufzurichten, das wesentlich
ein Recht des Friedens sein und dem der Krieg nur als Noth-
recht zur Seite stehen sollte, welche sie allein dazu befähigt,
auch unter solchen Völkern für das Völkerrecht als Welt-
echt zu missioniren, welche nur in Einzelfällen oder noch gar
nicht dasselbe anerkannten und durch Verträge sich ihm noch
nicht verbanden. Auch diese Mission kann nur von einander
sympathischen Nationen, nur von einer mit der Religion der
Liebe und einem Recht der Gleichberechtigung erfüllten Gemeinschaft durchgeführt werden. Wie sollen Nationen, die sich
einander hassen oder befehden, Anderen Frieden verheissen,
wie sollen Nationen, welche das Recht selbst nicht achten,
andere Völker für die Achtung desselben gewinnen?

Die friedlichen Gesinnungen können allein dem gemeinschaftlichen Recht den Weg bahnen und Das muss daher die
Aufgabe der Rede und Schrift überall sein — gegenseitige
Achtung und Anerkennung der Nationen zu wecken, dadurch
sie zu einem gemeinsamen Rechtsbewusstsein vorzubereiten
das im Völkerrecht, dem Recht der Gleichberechtigung, seinen
Ausdruck findet und allein den dauernden Frieden verheisst,
dessen Ewigkeit die fortschreitende Civilisation fordern und
verbürgen müsste.

„Geschrieben im Juni 1874“.

Nachtrag.

———

Seit Beendigung unserer Schrift sind zwei Erklärungen von Leitern des Auswärtigen zweier Grossstaaten an die Oeffentlichkeit getreten und zwei Schriften herausgegeben worden, welche zu den von uns behandelten Gegenständen in Beziehung stehen, und welche nachträglich noch zu berücksichtigen uns vergönnt ist.

Die Erklärungen beziehen sich auf den ersten Abschnitt unserer Schrift und gewähren Belege für die neueste Zeit, dass die Staaten überhaupt mehr äussere Politik treiben, als das Völkerrecht üben (s. S. 3) und dass den Staaten öfter die Geneigtheit zur Festsetzung allgemeiner völkerrechtlicher Rechtsbestimmungen fehlt (s. S. 34).

Lord Derby schreibt in Bezug auf die Brüsseler Conferenz am 4. Juli d. J. an den britt. Botschafter in St. Petersburg, Lord Loftus, (s. die Augsb. allg. Ztg. Nr. 200) dass I. M. fest entschlossen sei, auf keine Erörterungen der Satzungen des Völkerrechts einzugehen, durch welche die Beziehungen Kriegführender bestimmt werden und ebensowenig neue Verpflichtungen irgend welcher Art in Betreff allgemeiner Principien zu übernehmen. Daher soll der russischen Regierung erklärt werden, dass die englische von dieser und allen zur Conferenz geladenen Regierungen die Erklärung sich erbitte, dass nichts vorgebracht werde, was in irgend einer Form, mittelbar oder unmit-

telbar auf den Seekrieg Bezug habe. Auch in der
Thronrede der Königin vom 7. August d. J. (Augsb. allg.
Ztg. Nr. 233) wird betont, dass die Zusicherung von allen
betheiligten Mächten verlangt worden, dass kein Vorschlag
vorgebracht werde, welcher geeignet wäre, entweder die anerkannten Regeln des Völkerrechts zu ändern oder die Leitung
von Flottenoperationen zu beschränken. — Der d. z. Minister
d. Aeusseren in Frankreich, der Herzog von Decazes, erklärte
am 21. Juli d. J. in der Nationalversammlung „die französische
Regierung wird ihren Delegirten Weisungen geben, die den
Schutz unserer Rechte bei der Abfassung gewisser für
die Zeit eines Krieges vorgeschlagenen Bestimmungen be-
zwecken. Die Frage des Eigenthums zur See wird von
den Berathungen des Congresses ausgeschlossen sein". England schliesst somit alle Erörterungen des so wichtigen Seekriegsrechts aus und Frankreich spricht in einer völkerrechtlichen Frage von seinen Rechten. Wir erachten, dass, falls
es der Conferenz gelingen sollte, die auf den Landkrieg bezüglichen Bestimmungen zu codificiren, es dann geboten wäre,
eine Conferenz zur Regelung des Seekriegsrechts, natürlich unter
Theilnahme auch der Vereinigten Staaten von Nordamerika,
zusammenzuberufen und dass hiermit nur eine Pflicht der
internationalen Rechtsgemeinschaft geübt würde. Werden
die V. St. v. N.-A. durch Annahme der von ihnen gewünschten
Freiheit des Privateigenthums zur See für die Codification
des Seekriegsrechts gewonnen, welchem Grundsatz ja ausser
England, die übrigen Staaten schon wiederholt ihre Zustimmung gegeben haben (s. m. Art. „Neutralitätsgesetze" in
Holtzend., Rechtslex.), so möge England, falls es nicht seiner
völkerrechtlichen Pflicht eingedenk ist, zu allgemeinen Rechtsbestimmungen mitzuwirken, einen isolirten Standpunct gegenüber allen übrigen, hoffentlich verbundenen, Seemächten einnehmen. Englands Widerspruch ist wahrlich für die Dauer
nicht ausreichend, um das Seekriegsrecht in einer Culturstaaten
unwürdigen Weise fortdauern zu lassen. —

Eine tüchtige Kritik des Brüsseler Entwurfs hat C. Lueder
in seiner, uns erst jetzt zugekommenen, Schrift geliefert: „Der

neueste Codificationsversuch auf dem Gebiete des Völkerrechts" Erlangen, 1874. Wenn der Verf. im Eingange (S. 9 ff.) meint, dass derartige Codificationsversuche leicht dadurch gefährdet würden, dass man in die Versuchung gerathe, ein neues Recht zu machen oder zu erfinden, und zu human zu werden, sich im idealen Streben von der realen Welt und den gegebenen Verhältnissen zu entfernen, so bestehen diese Klippen für die Brüsseler Conferenz kaum, da deren Mitglieder fast ausschliesslich Praktiker sind und wol nur bereits praktisches sanctioniren werden. — Für einen weiteren Kreis ist eine Flugschrift des Dr. Eduard Löwenthal: „Grundzüge zur Reform und Codification des Völkerrechts", Berlin, 1874 berechnet. Der Verf. befürwortet Codification des Völkerrechts und Schiedsgerichte, einen Convent der Staatsoberhäupter zur Sanctionirung des codificirten Rechts und einen aus Delegirten der einzelnen Nationalparlamente gebildeten internationalen Gesetzgebungsconvent, während das internationale Schiedsgericht aus den Präsidenten der obersten Gerichtshöfe der einzelnen Nationen bestehen soll. Aehnliche Anregungen sind schon von anderer Seite ausgegangen und als solche verdienen sie Beachtung, die Ausführbarkeit ist natürlich eine andere Frage. Den Vorschlägen des Verf. scheint sich entgegenzustellen, dass er auch Interessengemeinschaft und das Gleichgewicht in den Kreis des Völkerrecht hineingezogen und dass die von ihm vorgeschlagenen Executionsmittel mehr civil-processualistischer als publicistischer Natur sind. Uebrigens spricht sich in der Schrift des Verf. der ganz richtige Grundgedanke aus, dass die bisherigen Zustände unhaltbar und dass das internationale laisser faire nicht weiter statthaft sei.

Geschrieben im August 1874.

Pierer'sche Hofbuchdruckerei. Stephan Geibel & Co. in Altenburg.

Reprint Publishing

Für Menschen, Die Auf Originale Stehen.

Bei diesem Buch handelt es sich um einen Faksimile-Nachdruck der Originalausgabe. Unter einem Faksimile versteht man die mit einem Original in Größe und Ausführung genau übereinstimmende Nachbildung als fotografische oder gescannte Reproduktion.

Faksimile-Ausgaben eröffnen uns die Möglichkeit, in die Bibliothek der geschichtlichen, kulturellen und wissenschaftlichen Vergangenheit der Menschheit einzutreten und neu zu entdecken.

Die Bücher der Faksimile-Edition können Gebrauchsspuren, Anmerkungen, Marginalien und andere Randbemerkungen aufweisen sowie fehlerhafte Seiten, die im Originalband enthalten sind. Diese Spuren der Vergangenheit verweisen auf die historische Reise, die das Buch zurückgelegt hat.

ISBN 978-3-95940-099-2

www.reprintpublishing.com

www.ingramcontent.com/pod-product-compliance
Lightning Source LLC
Chambersburg PA
CBHW060535210326
41519CB00014B/3223